新时期大数据赋能保险业的实践

韩 军 著

中国书籍出版社
China Book Press

图书在版编目(CIP)数据

新时期大数据赋能保险业的实践/韩军著.--北京：中国书籍出版社,2024.12.--ISBN 978-7-5241-0123-9

Ⅰ.F842-39

中国国家版本馆 CIP 数据核字第 2025DA1262 号

新时期大数据赋能保险业的实践

韩　军　著

策划编辑	成晓春
责任编辑	毕　磊
封面设计	守正文化
责任印制	孙马飞　马　芝
出版发行	中国书籍出版社
地　　址	北京市丰台区三路居路 97 号(邮编:100073)
电　　话	(010)52257143(总编室)　(010)52257140(发行部)
电子邮箱	eo@chinabp.com.cn
经　　销	全国新华书店
印　　刷	北京市怀柔新兴福利印刷厂
开　　本	710 毫米×1000 毫米　1/16
字　　数	142 千字
印　　张	10.25
版　　次	2025 年 5 月第 1 版
印　　次	2025 年 5 月第 1 次印刷
书　　号	ISBN 978-7-5241-0123-9
定　　价	72.00 元

版权所有　翻印必究

前 言

　　大数据技术的发展为保险行业带来了新的机遇和挑战。在新时期，大数据赋能保险评估，为保险行业的发展提供了新的动力和支持。通过大数据技术的应用，保险行业可以实现承保范围的扩大化、产品定价的个性化、产品营销的精准化、客户服务的优质化，推动保险行业的改革创新和健康发展。同时，保险监管机构也可以利用大数据技术加强风险监测和监管，提高监管效率和水平，保障保险市场的稳定和健康发展。

　　全书共分为六章，每一章都围绕一个核心主题展开。第一章从保险的基本概念、分类、职能和作用入手，回顾了保险的产生与发展历程，特别是我国保险业的独特发展轨迹。这一部分为后续章节的深入讨论奠定了坚实的理论基础。第二章聚焦于大数据如何为保险业的改革创新提供战略机遇，同时也指出了大数据带来的客观挑战。通过深入剖析，我们旨在为保险业在大数据时代下的战略布局提供有益的参考。第三章至第六章分别以网络安全保险、人身保险、资金运用监管和社会医疗保险为例，详细阐述了大数据在各个细分领域的应用与实践。从承保范围的优化到精准营销的策略，从监管制度的完善到欺诈风险的识别与防范，每一章都力求深入浅出，无论是建议还是对策，都具有一定的可操作性。

　　本书通过对以上各方面的深入研究，期望能为新时期大数据赋能保险业的实践提供全面、深入的洞察，为保险从业者、监管者以及相关研究者提供有益的参考。

目 录

第一章 保险概述 ·· 1
  第一节 保险的概念 ·· 1
  第二节 保险的分类 ·· 6
  第三节 保险的职能和作用 ······································ 11
  第四节 保险的产生与发展 ······································ 15
  第五节 我国保险业的发展历程 ·································· 19

第二章 大数据赋能中国保险业改革创新 ······················· 22
  第一节 大数据为保险业改革创新提供战略机遇 ·················· 22
  第二节 大数据给保险业改革创新带来客观挑战 ·················· 27

第三章 大数据赋能我国网络安全保险承保范围的理论与优化路径
  ··· 38
  第一节 核心概念界定与理论基础 ································ 38
  第二节 数字经济时代我国网络安全保险承保范围的优化路径
         ··· 43
  第三节 数字经济时代我国网络安全保险承保范围优化的保障
         措施 ··· 64

第四章 大数据赋能人身保险精准营销的演进与发展策略 ········ 75
  第一节 保险公司精准营销概述 ·································· 75
  第二节 人身保险营销的发展趋势 ································ 83
  第三节 大数据精准营销在人身险行业的发展倾向分析 ············ 86
  第四节 推进人身险大数据精准营销的建议 ······················ 92

第五章　大数据赋能保险资金运用监管的理论与实践 ………… 101
第一节　大数据赋能保险监管的可行性 ……………………… 101
第二节　保险资金运用监管的概念和意义 …………………… 112
第三节　大数据视角下完善我国保险资金运用监管制度的建议
　………………………………………………………… 113

第六章　大数据赋能社会医疗保险欺诈风险识别与防范的理论与实践
　……………………………………………………………… 122
第一节　概念界定及理论基础 ………………………………… 122
第二节　社会医疗保险欺诈的风险识别 ……………………… 131
第三节　社会医疗保险欺诈的风险防范 ……………………… 141
第四节　应用大数据识别和防范社会医疗保险欺诈的对策建议
　………………………………………………………… 148

参考文献 ……………………………………………………………… 153

第一章 保险概述

第一节 保险的概念

"保险"一词,由英文单词"insurance"翻译而来。英文最初的解释是"safe guard against loss in return for regular payment",即定期缴纳费用以在遭受损失时获得补偿。这个描述在一定程度上反映了保险的特性,比如保险是一种风险转移、一种事后行为、一种经济补偿等。但对保险应该如何准确定义,学界一直存在争议。

一、有关保险的学说

因为研究角度不同,世界各国的学者对保险的定义也各不相同,归纳起来大致可分为损失说、非损失说和二元说。

(一)损失说

损失说以"损失"为核心,主要从损失补偿的角度来剖析保险机制,强调没有损失就没有保险,认为保险是"损害填补"和"损失分担",有损失才有保险的必要。损失说的主要理论分支包括损失赔偿说、损失分担说、危险转移说和人格保险说。

1. 损失赔偿说

损失赔偿说的代表人物是英国的马歇尔(S. Marshall)和德国的马修斯(E. A. Masius)。马歇尔持有的观点是,保险是一种合同,其中一方接受约定的金额,并对另一方所遭受的损害或潜在风险进行补偿。马修斯的观点是,保险是一种合同,其中约定了一方当事人根据等价的支付或约定来承担某一标的物可能出现的风险,当这种风险出现时,保险将赔偿另一方的损失。损失赔偿理论视保险为合同性质的行为,并坚信保险的核心特性即是对损失的赔偿。

2. 损失分担说

损失分担说的代表人物是德国的瓦格纳(A. Wagner)。瓦格纳在解释保险性质时,并不局限于传统的法律视角,他更倾向于从经济的角度来解读保险的本质。他持有的观点是,保险不只是法律上的关联,更是经济上的一种补偿机制。保险本质上是一种经济活动,其中多数人通过相互协助和合作来分摊个别人在财产方面所遭受的不利影响。从瓦格纳的描述中,我们可以观察到他为损失赋予了更为宽泛的定义,并试图解决人寿保险中损失补偿理论的冲突。瓦格纳明确指出,这一理论不仅适用于各种组织、各种险种和各个部门的保险,还包括财产和人身的保险,甚至还可以用于自我保护。

3. 风险转移说

风险转移说的代表人物是美国的维兰特(A. H. Willet)。他认为,保险是为赔偿资本的不确定损失积聚资金的一种社会制度,通过把多数人的个人风险转移给他人或团体来实现。

风险转移理论从风险管理的视角来解释保险,强调保险是一种风险转移机制,任何团体或个人都可以以支付一定的费用为代价,将生活中的各种风险转移给保险组织。保险机构聚集了众多的相似风险,从而达到了风险的平均分摊。风险转移理论有助于阐释现实生活中众多投保人选择保险的动因。许多潜在的风险事件可能导致巨大的经济损失,因此有必要通过购买保险来转移这些风险。但是该学说和损失赔偿说一样,强调损失是保险的基础,没有反映人身保险的特征。[1]

4. 人格保险说

人格保险说的代表人物是美国保险学者休勃纳(S. S. Huebner)。他认为,人的生命与财产一样,具有可以用货币来衡量的价值,因而人寿保

---

[1] 宋国华.保险大辞典[M].沈阳:辽宁人民出版社,1989.

险也是一种损失补偿。

(二)非损失说

非损失说持有的观点是,损失说并不能完整地展现保险的所有特性,我们应该从不同的视角去寻找一个能够完整阐述保险定义的理论。非损失说涵盖了保险技术说、欲望满足说、相互金融机构说以及共同财产准备说等不同的观点。

1. 保险技术说

保险技术说的代表人物是意大利的费方德(C. Vivante)。他持有这样的观点:保险公司必须建立一个保险基金,并确保实际支付的保险金额与所有投保人实际缴纳的净保险费是一致的。要实现这一目标,必须采用特定的技术手段。保险的独特之处在于利用这一独特的技术手段,以科学的方式构建保险基金。因此,我们无需再为保险合同是否以赔偿损失为主要目标而纠结。德国学者克劳斯泰和日本学者近藤文二都是这一理论的坚定拥护者。

2. 欲望满足说

欲望满足说由意大利学者戈比(U. Gobbi)于1894年提出,德国学者马纳斯(A. Manes)作了进一步阐述并成为这一学说的代表。支持这一观点的学者们持有这样的看法:意外事件的发生将不可避免地导致经济损失或资金短缺,从而激发人们想要弥补这些损失或短缺,而保险正好能够满足这种需求。保险是一种经济策略,其主要目的是满足因保险事故而产生的对财物或金钱的渴望。这些学者的共同意图在于扩大损失补偿说在人身保险方面的影响。[①]

3. 相互金融机构说

被称为相互金融机构的代表性人物是来自日本的学者米谷隆三。他持有的观点是,所有的经济行为都是通过货币的收入和支出来体现的。在保险业务中,无论是保费的征收还是赔款的支付,都是通过货币来完成

---

① 宋国华.保险大辞典[M].沈阳:辽宁人民出版社,1989.

的。为了应对经济的不稳定,保险主要是通过调节货币的收支来实施的。因此,保险作为一个基于相互合作的金融实体,与银行同样拥有资金流通的能力。

4. 共同财产准备说

日本学者小岛昌太郎是共同财产准备说中的标志性人物。他持有这样的观点:保险的主要目的是确保社会经济的稳定和人们的生活安宁,它将大部分的经济实体聚集在一起,并依据大数法则来建立共同的财产准备机制,以弥补因意外事故导致的经济损失。

(三)二元说

二元说亦称"择一说"或"不能统一说",代表人物是德国学者爱伦贝格(V. Ehrenberg)。他持有的观点是,由于性质的差异,财产保险与人身保险不应被视为同一概念,而应该为它们分别提供不同的定义。他提出的保险定义是:当一方当事人获得报酬后,如果发生合同规定的、不一定发生或发生时间不确定的事故,那么该当事人需要承担弥补因此产生的损失、支付约定的金额或养老金的义务,并有计划地大量签订具有这样内容的合同。他进一步强调,保险合同要么是为了补偿损失的合同,要么是为了支付特定金额的合同,两者中必须选择一个。这一理论在全球的保险法领域广受欢迎,并被众多国家的保险法规所接受。

二、保险的定义

本研究认为,各种类型的保险都可以被总结为:保险是一种涵盖了具有相似风险的多个主体的保险,它通过大数法则来科学地计算费率,并集中资金建立保险基金。当发生保险事故或其他约定事项时,保险公司会向被保险人或受益人提供相应的经济保障。这可以被视为广义保险的一种解释。

狭义上的保险,也就是商业保险,其定义可以参考《中华人民共和国保险法》第二条的内容:"本法中所提到的保险,是指投保人按照合同的规定,向保险公司支付保险费用,而保险公司则对合同中可能发生的事故导致的财产损失承担赔偿责任,或者当被保险人死亡、伤残、疾病或达到合同中约定的年龄、期限等条件时,承担支付保险金的商业保险行为。"

三、保险与其他类似活动的比较

为了加深对保险本质的理解,我们可以将保险与有相似之处的其他活动进行简单的比较。

(一)保险与赌博

保险和赌博在某些方面是相似的。首先,它们之间存在非等价交换的关系,这意味着,对于那些参与保险或赌博的人来说,他们的支出和收益是不一样的。其次,获得回报的可能性很大程度上依赖于偶发事件,或者更准确地说,这两方面都存在潜在的风险。

保险和赌博的区别在于。首先,它们所面临的风险特性是不同的。保险公司所面临的是纯粹的风险,而赌博公司则是面对投机的风险。其次,这两种情况的风险根源并不相同。保险所面临的风险是一个实际存在的问题,与是否加入保险没有直接关系;赌博所面临的风险主要来自参与赌博的行为本身,如果参与者选择不参与赌博,那么他们就不会遭遇与赌博相关的投机风险。最后,赌博属于非生产性活动,赢者所获得的利润源于输者所遭受的损失,并不会为社会做出任何贡献;保险公司之间存在共同的利益关系,通过保险带来的灾害预防和损失赔偿,为社会带来了正面的效益。

(二)保险与储蓄

无论是保险还是储蓄,它们都体现了"有备无患"的原则,特别是某些人寿保险产品,它们具有长期储蓄的特性。然而,这两者都归属于不同的经济领域。首先要明确的是,保险的核心是利用大众的储蓄来弥补少数人的经济损失,这体现了互助与合作的精神;储蓄的使用方式,即本金加上利息,与每一位储户都维持着平衡的关系。再者,保险的核心目标是为了应对突发的灾害和事故所带来的损失,而储户内心深处更倾向于期望储蓄金能够保持其价值并增加其价值,然后再将其用于各种潜在的目的。

(三)保险与救济

无论是保险还是救济,它们都能对灾害造成的损失进行补偿,并且它们都具备相互帮助和合作的特性。然而,它们之间也有所不同,首先,保险是一种合同行为,双方都必须受到合同条款的限制;救济作为一种慈善活动,并不意味着双方都会受到合同条款的限制。其次,保险的前提是投保人必须支付保险费用,保险公司承诺进行赔偿和支付,这是一种对价的交易方式;救济行动是一种单方面的付出,双方并没有以对价作为其基础。

第二节 保险的分类

根据不同的标准,可以将保险分为不同种类。常见的有以下几种分类方式。

一、按保险性质不同划分

根据保险的性质差异,我们可以将其分类为商业保险、社会保险以及政策保险。

商业保险指的是那些通过签订保险合同进行运营,并以盈利为主要目标,由专业的保险公司负责经营的保险方式。大部分的商业保险都是基于当事人的自愿选择而签订的合同。根据合同的条款,投保人需向保险公司缴纳相应的保险费用;根据合同中的约定,保险公司需对可能发生的事故导致的财产损失承担赔偿责任,或者在被保险人因死亡、伤残、疾病或达到约定的年龄和期限时,承担支付保险金的责任。

社会保险是一种由国家通过法律强制执行的社会保障制度,它由劳动者、企业(雇主)、社区和国家三方共同出资建立保险基金。当劳动者因年老、工伤、疾病、生育、残疾、失业或死亡等原因失去劳动能力或暂时失业时,该基金将为劳动者或其直系亲属提供物质支持。社会保险涵盖的核心项目有养老保险、医疗保险、失业保险、工伤保险以及生育保险等。

所谓的政策保险,是指政府为了实现某一特定的政策目标,采用常规的保险方法来提供的保险服务。比如说,为了帮助农业、畜牧业和渔业提高产量和收入,我们提供了种植业保险;为了推动出口贸易,推出了出口信用保险。通常情况下,政策保险是由国家成立的专业机构或者是由官方或半官方的保险公司来负责执行的。

二、按保险标的不同划分

被称为"保险对象""保险项目"或"保险保障的对象"的保险标的,实际上是根据保险合同双方的具体要求来确定由保险事故导致的损失的具体载体。根据保险的目标种类,保险可以被分类为财产保险、人身保险、责任保险以及信用保证保险。

财产保险是一种保险形式,其中投保人按照合同条款向保险公司支付保险费用,而保险公司则根据保险合同的规定,对因自然灾害或意外事故导致的财产和相关利益损失承担相应的赔偿责任。在财产保险的定义上,我们可以从广义和狭义两个角度来看。广义的财产保险是一种以财产及其相关的经济收益和损害赔偿责任作为保险目标的保险形式;狭义上的财产保险仅仅是指那些以物质资产作为保险目标的保险产品。在保险的实际操作中,人们通常把后者称作财产损失保险。

人身保险是一种以人的生命或身体作为保险目标的保险方式,当被保险人的生命或身体发生保险事故或保险约定到期时,根据保险合同的规定,保险公司会向被保险人或受益人支付保险金。人身保险涵盖了人寿保险、意外伤害保险以及健康保险。在财产保险领域,保险公司主要负责保险标的损失的赔偿,而在人身保险领域,保险公司则主要负责赔付,因此,人身保险通常呈现为固定金额的赔付。

责任保险是一种财产保险方式,其中保险公司在被保险人依法对第三方承担民事赔偿责任,并在被要求赔偿的情况下,承担相应的赔偿责任。责任保险是以被保险人依法对他人应承担的民事赔偿责任作为保险的对象,在合同中通常不会约定保险的金额,而是会规定赔偿的限额。责任保险只对被保险人因疏忽造成的侵权行为承担民事责任,对于故意造成的损失则不承担任何责任。

信用保证保险属于担保性质的保险产品,其保险对象是合同双方的权利人和义务人共同约定的经济信用。信用保证保险可以根据不同的投保人被分类为信用保险和保证保险这两大类。信用保险中的投保者与被保险者均为权益持有者,他们需要为因义务人未履行合同而导致的损失承担赔偿责任。举例来说,在出口信用保险体系中,保险公司需对因进口人未按照合同条款支付货款而导致的损失承担赔偿责任。保障保险的投保者是有义务的一方,而被保险者则是权益的一方。当有义务的一方未能履行合同中的义务或存在非法行为导致权益持有者遭受经济损害时,保险公司有责任对被保险者进行赔偿。

三、按实施方式不同划分

基于不同的保险执行策略,我们可以将保险分类为自愿性保险和强制性保险。

自愿保险是一种基于平等、互利和自愿原则建立的保险合同关系。投保者有权自主选择是否购买保险,以及需要投保的具体产品、金额和保险期限等细节;保险提供者也有权自主决定是否接受保险,以及与之相关的保险项目和具体内容。大多数的商业保险都是基于自愿的选择。

强制保险,也被称为法定保险,是由政府通过法律或政策手段,对投保人和保险人之间的法律关系进行强制性规定的。强制保险有一种模式,即在规定的保险范围内,无论双方当事人是否自愿,都必须依照相关规定进行保险办理;还有一种规定是,当政府要求某个行业或个体进行商业或其他活动时,他们必须加入保险,否则将不被允许从业。

四、按风险转嫁方式不同划分

基于风险转移的不同方式,保险可以被分类为原始保险、集体保险以及再保险。

原保险是一种保险形式,其中保险公司与投保人直接签署保险合同以建立保险关系,并且保险公司需要对被保险人因保险事故导致的损失承担初始的赔偿责任。

所谓的共同保险,通常简称为"共保",是指当两个或更多的保险公司共同为同一保险项目提供保障或共同承担相同的损失时所采取的保险策略。共同保险的总金额不会超出保险标的的实际价值。如果投保人购买的保险金额低于其实际价值,那么这部分不足的金额应被视为投保人的自我保护措施。共同保险涉及的保险费率、保险期限以及保险责任等方面,都是由各个保险公司和投保人共同商定和确定的。如果保险对象出现了损失,各个保险公司应根据自己所承保的比例来分摊这些损失。

再保险,也被称为"分保",是在原有的保险合同基础上,保险公司通过签署分保合同,将其承保的部分风险和责任转嫁给其他保险公司的一种保险行为。

五、按保险金额与保险价值的大小关系不同划分

基于保险的金额与其价值之间的差异,我们可以将保险分类为不全额保险、全额保险以及超额保险。

所谓的不足额保险,是合同里规定的保险金额低于其实际价值的一种保险形式。保险价值描述的是保险目标在特定的时间和地点的真实市场价值。不足的保险可能是由于投保人基于个人的选择,只选择了保险价值的一小部分来购买的;可能是由于保险标的的价值在合同签订后有所增长,导致其超过了保险的总金额。关于保险金额不足的赔偿问题,我国的《保险法》第五十五条第四款明确指出:"如果保险金额低于其实际价值,除非合同中有其他规定,保险公司应根据保险金额与其价值的比例来承担相应的赔偿责任。"其计算公式为:

$$赔偿金额 = 损失金额 \times \frac{合同中约定的保险金额}{保险价值}$$

所谓的足额保险,是指合同里规定的保险金额与保险的实际价值相

等。在保险金额充足的前提下,如果保险事故导致了保险标的完全损失,那么保险公司应当按照保险的总金额进行全额赔偿。如果保险标的物存在残值,那么保险公司可以对其享有物上代位权,并将其作为价值折给被保险人,在支付保险金时通常会扣除这部分价值。在保险事故导致部分经济损失的情况下,保险公司有责任根据实际损失来支付相应的保险金。

超额保险指的是合同中规定的保险金额超过保险价值的保险。关于超额保险的法律影响,我国的《保险法》在第五十五条的第三款中明确指出:"保险的金额不应超出其实际价值。若超出该价值,超出的部分将被视为无效,因此保险公司有责任退还相应的保险费用。"

六、按保险合同中是否约定保险价值划分

根据保险合同里是否明确了保险的价值,我们可以将保险分类为固定值的保险和非固定值的保险。

定值保险是合同中预先明确注明保险标的价值的一种保险类型。一旦保险合同开始生效,如果发生了导致财产损失的保险事故,无论保险标的在当时的实际价值如何,保险公司都会使用保险合同预先约定的价值作为计算赔偿金额的依据,而不需要重新评估保险标的。在定值保险的情况下,发生保险事故后赔偿金额的计算公式为:

$$保险赔偿额 = 损失程度 \times 保险金额 = \frac{合同约定的保险价值 - 保险标的残值}{河东约定的保险价值} \times 保险金额$$

在大多数情况下,定值保险合同主要出现在海上保险、国内货物运输保险、国内船舶保险,以及一些以难以确定价值的艺术品作为保险对象的财产保险中。这种做法有助于避免由于出险时当地保险标的的实际价值难以确定而导致的理赔困难。

不定值保险的定义是,在保险公司和投保人签订合同的同时,他们并没有书面约定保险标的的价值,而是明确指出在保险事故发生后,应根据其实际价值来计算损失的保险方式。在足额保险的不定值保险情况下,

发生保险事故后赔偿金额的计算公式为：

$$保险赔偿额 = 损失程度 \times 保险金额 = \frac{损失当时标的完好时的实际价值 - 保险标的残值}{损失当时标的完好时的实际价值} \times 保险金额$$

第三节　保险的职能和作用

一、保险的职能

保险的功能定义为其固有的内在作用，这是由保险的基本性质和具体内容所决定的。人们普遍认为，保险的功能可以分为基础功能和派生功能。保险的基础职责是其固有的功能，并不会因为时间的推移或社会结构的差异而有所改变。派生功能是在保险业务不断扩展和保险内容日益丰富的背景下，基于保险的基础功能而诞生的新型功能。

(一)基本职能

风险分散、损失赔偿和经济补偿构成了保险的两个核心功能。自从保险在人类的经济活动中诞生，它就已经拥有了这两大核心功能。保险的核心职责揭示了保险行为的根本属性，并展现了保险行为所固有的基本规范。

1.分散风险

风险对个体或组织而言可能是偶然的，但对社会的整体而言，它是不可避免的。保险公司汇集了大量可能面临相似风险的被保险者，并通过向各自独立的经济实体或个人征收保费来创建保险基金，目的是分摊部分不幸被保险者所承受的经济损失。其核心思想是将被保险人真实遭遇的风险损失进行分散处理，并由所有投保人共同分担。

2.损失补偿或经济给付

广泛意义上的财产保险，在面对特定的风险损失时，会根据保险的有效期、合同中规定的责任范围和保险的总金额，按照实际损失的金额进行赔偿。这一赔偿原则确保了因灾害事故导致的社会财富实际损失在价值上得到了补偿,并在使用价值上得到了恢复,从而保证了社会再生产过程的持续性。

财产保险和人身保险是两种在性质上截然不同的保险形式。鉴于人的生命和生理功能的价值是不能用金钱衡量的,因此,人身保险是根据保险公司与投保人之间的合同条款来进行支付的。人身保险的主要功能并非赔偿损失,而是提供经济赔偿。

(二)派生职能

随着保险内容的丰富和保险种类的增多,保险的职能也有新的发展,在基本职能的基础上产生了派生职能,主要包括以下几种:

1. 防灾防损职能

在风险管理中,防止灾害和损失是关键的一环。鉴于保险业务的核心是风险,为了确保业务的稳健,保险公司必须对这些风险进行深入的分析、评价和预期,确定哪些风险可以被视为承保风险,以及哪些风险可以在时间和空间上进行分散。人为因素与风险转变为实际损失的概率之间存在一定的关联性,通过采取人为的预先预防措施,有可能降低这些损失。因此,在长时间的实践中,保险逐渐发展出了其防灾和防损的功能。

2. 融资职能

保险的融资功能主要涉及保险资金的流通和使用。保险费用的收取和保险金的支付之间存在明显的时间差异,这为保险公司在资金使用上创造了条件。为了确保保险业务的稳定性,保险公司也必须持续扩大其保险基金规模,这意味着保险公司需要合理使用这些资金,以实现资产的保值和增值。因此,从保险中衍生出了融资的功能。

3. 社会管理职能

保险被视为"社会的巧妙稳定器",社会进步与保险是分不开的。保险不仅有助于补充其他社会服务的不足,还能增强政府在社会保障、公共秩序维护和经济储备方面的实力,从而推动社会经济的健康发展。保险在社会管理中的角色是多层面的,它既完整又系统,主要涵盖了社会的稳定性、经济的调控、经济的增长、公共事务的管理以及社会的进步等方面的功能。

二、保险的作用

保险的功能体现了保险职责在实际操作中的体现,它代表了保险公司在履行其职责时所带来的实际和客观的社会影响。我们从宏观和微观两个不同的维度来深入探讨保险的影响和作用。

(一)保险的宏观作用

保险在宏观层面上的影响主要体现在其对社会经济产生的积极作用上。保险不仅可以充当"社会的稳定器",确保社会经济的稳定,还可以充当"社会的助动器",为资本的投资、生产和流通提供保障。具体来看,包括以下几个方面:

1. 保障社会再生产的正常进行

社会再生产的整个过程是由生产、分配、交换以及消费这四个主要环节构成的。尽管它们在时间维度上是连贯的,但由于各种不同的灾难或突发事件,这种连续性可能会被迫中断。保险的经济赔偿功能能够迅速且及时地起到修复的效果,确保社会再生产的持续性和稳健性。

2. 推动商品流通和消费

商品在进入生产消费和日常生活消费之前,必须在流通过程中进行交换。在这种交换中,交易双方都面临资信和产品质量的风险,而保险制度为这些风险提供了解决方案。

3. 促进科学技术向现实生产力转化

现代商品之间的竞争日益偏向于高科技领域,而商品技术的附加价值所占的比例也在不断上升。然而,高新技术的研究和开发带来了新的潜在风险。保险为采纳新技术所带来的潜在风险提供了坚实的保障,同时也为企业在研发新技术、新产品和使用专利时提供了保护,进一步推动了先进技术的广泛应用。

4.有利于推动对外贸易发展,增加外汇收入

在国际贸易和国际经济互动中,保险扮演着不可或缺的角色。为进出口商品购买的保险能够帮助商品的所有者降低风险,从而促进对外贸易的进一步发展。另外,保险的外汇收益实际上是一种无形的贸易收益,这对于提升一个国家在国际支付方面的能力具有正面影响。

5.有利于动员世界范围内的保险基金

单一的保险公司所能承受的风险因其自身的承保能力而受限,超出的部分可能需要从其他保险公司中分离(称为再保险)。因此,再保险或共保制度能够将保险市场中的独立保险基金整合为一个整体,共同分担某一特定风险。这样的做法一旦跨越了国家边界,就能在全球范围内实现风险的分散。

(二)保险的微观作用

保险的微观作用主要是指保险作为经济单位或个人风险管理的财务手段对微观主体的经济效应,表现在以下几个方面:

1.有利于受灾企业及时恢复生产

在生产物质资料的过程当中,不可避免地会遭遇自然灾害和突发事件。保险赔偿的特性包括其合理性、时效性和有效性。一旦投保的企业遭受了灾害事故造成的损失,它们可以根据保险合同中的条款及时获得赔偿,筹集资金,并迅速恢复其生产和经营活动。

2.有利于企业加强经济核算

作为企业风险管理中的一种财务策略,保险有能力将企业面临的不稳定的巨大灾害损失转化为有限的保险费用,并将其分摊到企业的生产或流通成本中。公司通过支付保险费用,将潜在的风险和损失转移给了保险提供者,从而确保了公司的财务稳健。

3.有利于安定人民生活

家庭构成了社会的核心部分,而家庭的稳定性为人们的日常生活和工作提供了必要的支撑和基石。然而,对于家庭而言,自然灾害和突发事件是难以根除的,因此参与保险成为家庭风险管理的一种高效途径。

4.有利于民事赔偿责任的履行

在人们的日常生产和社交活动中,可能随时出现由民事侵权或其他侵权行为引发的民事赔偿或索赔情况。利用责任保险和其他多种保险方式,那些面临民事赔偿风险的组织或个体能够通过支付保险费的方式,将这些风险转移给保险公司,从而确保被侵权者的合法权益得到维护,并成功获得保险金额内的民事赔偿。

第四节 保险的产生与发展

一、海上保险的产生与发展

自从人类诞生之日起,他们就持续地与各种天然灾害和突发事件进行斗争。在探索如何防灾和避免灾难的旅程中,人们逐渐产生了保险的观念,这导致了一些最初的保险模式的形成,并最终演变为现代的保险方式。

中国属于最早采纳风险分散作为保险核心理念的几个国家之一。在公元前 4000 至公元前 3000 年期间,中国的商业人士考虑将大米和其他货物分配到多艘货船上,目的是防止一艘货船遭遇危险而导致货物全部损坏。清朝初期涌现的镖局,代表了我国独特的货物运输保险的原始模式。民间普遍存在的各类丧葬互助会,例如长生会、长青会、老人会和葬亲会等,实际上是人寿保险和养老保险的初始形式。

古巴比伦等位于东西方贸易交汇点的文明古国是国外保险思想的发源地,而《汉谟拉比法典》则是最早被记录在保险法规中的一部。该规定明确,如果长途运输的商队在运输过程中遭遇抢劫或灾害导致损失,承运人有权不承担赔偿责任,而是由整个商队共同进行损失补偿。除此之外,古罗马的丧葬互助会和欧洲中世纪的基尔特制等组织也标志着国外早期保险体系的初步形成。

随着经济的持续增长,海上运输技术可以助力人们更迅速地将货物送达各个区域,但这也伴随着巨大的潜在风险。共同海损分摊原则标志着海上保险的初步形成。在公元前916年颁布的《罗地安海商法》里,有明确的条文指出:"任何由于减少船舶的载重而投放到海中的货物,如果是为了整体利益而造成的损失,都应由所有人共同承担。"直到现在,各国的海商法依然遵循共同海损分摊的原则。这一原则最初反映了海上保险的分摊损失和相互帮助的理念,因此被认为是海上保险的初始阶段。

在11世纪的尾声,意大利北部的经济繁荣城市,尤其是热那亚、佛罗伦萨、比萨和威尼斯等地,已经涌现出了与现代海上保险相似的模式。到了14世纪,热那亚的海上保险业务从其信贷结构中独立出来,形成了独立的保险合约。到目前为止,世界上最早的保险合同是在1347年10月23日于热那亚签署的。

自17世纪起,英国逐渐崭露头角,成为全球海上贸易的核心,与此同时,海上保险业务的焦点也逐渐转移到了英国。"劳合社"(Lloyd's),作为当代国际保险市场中最大的保险垄断机构之一,其起源可以追溯到英国,而它的发展历程也反映了英国海洋保险的历史进程。

二、火灾保险的产生与发展

在海上保险之后,火灾保险成为另一种重要的传统保险形式。随着它的诞生,近代保险的业务领域从水险扩展到了陆地,也就是非水险业务。在1591年,位于德国汉堡的酒业协会创办了一个消防合作组织。在1676年,46个互相保险的机构合并,成立了汉堡火灾保险协会,随后又合并为汉堡保险局,这是第一个公共保险公司。

英国是现代火灾保险制度的发源地。1666年9月2日的夜晚,伦敦的大火开始蔓延,影响了伦敦城区的80%,导致了约1000万英镑的经济损失。在1667年,英国的牙医尼古拉斯·巴蓬全资成立了一家公司,并开始了火灾保险的业务。房屋的保险费用是基于房屋的租金和建筑结构来确定的,其中砌筑费率被设定为2.5%,而木屋费率则被设定为5%。这种差异化的费率制度直到现在还在持续使用,因此巴蓬被尊称为"现代火灾保险的创始人"。

随着社会需求的不断增长,火灾保险的覆盖范围也在持续扩大,不仅仅是火灾,还扩展到了闪电、洪水、风暴等非火灾相关的风险。随着时间的推移,火灾保险的责任范围已经显著扩大。通常,保险对象是存放在固定地点且相对静止的财产,保险公司需要承担因各种自然灾害或意外事故导致的损失的经济赔偿责任。从保险业务的来源视角来看,火灾保险无疑是最具广泛适用性的保险业务之一。

三、人身保险的产生与发展

15世纪后期,欧洲的奴隶贩子把运往美洲的非洲奴隶当作货物进行投保。后来船上的船员也可投保,如遇到意外伤害,由保险人给予经济补偿。这些是人身保险的早期形式。

17世纪中叶,意大利银行家伦佐·佟蒂提出了一项联合养老办法,这个办法后来被称为"佟蒂法",并于1689年正式实行。佟蒂法规定每人缴纳法郎,筹集起总额140万法郎的资金,保险期满后,每年支付10%,并按年龄把认购人分成若干群体,年龄高些的,分息就多些。佟蒂法的特点就是把利息付给该群体的生存者,如该群体成员全部死亡,则停止给付。

1693年,著名的天文学家埃德蒙·哈雷,以德国西里西亚的勃来斯洛市1687—1691年按年龄分类的市民死亡统计为基础,编制了世界上第一张生命表,精确显示了每个年龄的死亡率,为寿险计算提供了依据。生命表的制定,在人寿保险发展史上是一个里程碑。

18世纪40—50年代,辛普森根据哈雷的生命表,制成依死亡率增加而递增的费率表。之后,陶德森依照年龄差等计算保费,并提出了"均衡保险费"的理论,从而促进了人身保险的发展。1762年成立的伦敦公平保险社就是根据保险技术基础而设立的人身保险组织。

1774年,英国颁布了具有历史意义的人身保险法,要求投保人必须具有可保利益,以防止道德风险的产生,进一步促进了人身保险的健康发展。

四、责任保险的产生与发展

责任保险产生于19世纪的欧美国家,20世纪70年代以后在工业化国家迅速得到发展。1880年,英国颁布雇主责任法,当年即有专门的雇主责任保险公司成立,承保雇主在经营过程中因过错致使雇员受到人身伤害或财产损失时应负的法律赔偿责任。

1890年海上保险公司开始经营产品责任保险,1896年出现了职业责任保险,随后会计师责任保险、个人责任保险、农户及店主责任保险相继出现。

随着商品经济的发展,各种民事活动急剧增加,法律制度不断健全,人们的索赔意识不断增强,各种民事赔偿事故层出不穷,终于使责任保险在20世纪70年代以后的工业化国家得到了全面迅速的发展。首先是各种运输工具的第三者责任保险得到了迅速发展;其次是雇主责任保险成了普及化的责任保险险种。

五、信用保证保险的产生与发展

在信用保险出现之前,经济活动中的信用风险通常是由银行和商业人士来承担的。在18世纪的尾声和19世纪的初期,忠诚保证保险开始兴起。保险的主要投保者通常是雇主,若雇员的不忠行为导致雇主遭受损害,那么保险公司将承担相应的赔偿义务。在19世纪的中段,英国出现了担保公司,并随后推出了合同担保保险,这主要是为了工程建设的需求。1919年,随着第一次世界大战的结束,英国政府为了维护与东方和中欧国家的出口贸易关系,特地建立了出口信贷担保机构——英国出口信用担保局,并逐渐建立了一套完善的信用保险体系,此后,许多国家也开始模仿这一做法。

第二次世界大战结束后,发达国家的出口信用保险行业经历了快速的增长。自20世纪60年代之后,伴随着经济增长和全球贸易的兴旺,许多发展中的国家纷纷创立了他们自己的信用担保保险体系。

第五节　我国保险业的发展历程

一、新中国成立前的保险业

我国的现代保险体系至今已经拥有超过200年的悠久历史。在1805年,英国商人首次在广州成立了广州保险社,也被称为谏当保安行。1862年,美商旗昌洋行在上海成立了扬子保险公司。在1884年,美商公平人寿保险公司在上海建立了其分支机构,而在1898年,美商永福人寿保险公司也在上海成立,这是外商人寿保险公司在中国的早期分支。

到了19世纪的中段,上海已经崭露头角,成为远东地区最大的商业港口,其海运行业也逐渐繁荣起来。在1865年,上海的华商创办了义和公司保险行,这标志着中国第一个民族保险公司的成立,终结了外国商家在中国保险市场的垄断,也意味着中华民族保险行业的诞生。在1872年,李鸿章作为洋务派的代表人物之一,指派浙江漕运督办朱其昂在上海成立了轮船招商局,并购买了轮船以满足运输业务的需求。招商局在当时激起了享有特权的外国航运公司的强烈反感。这些企业联合控制了中国保险市场之外的外国保险公司,采用拒绝为招商局提供船货保险或收取近似于敲诈的高额保费等策略,试图压制新兴的招商局。因此,李鸿章提出了一个观点,即华商应该独立成立自己的公司,建立自己的银行,并自行筹集保险资金。1875年,轮船招商局获得了成立保险招商局的许可,并开始独立经营船舶和货物运输的保险业务。

1937年淞沪会战结束后,中央信托局在上海的保险部迁移到了重庆。与此同时,中国保险公司、太平保险公司和四明保险公司等几家大型保险公司也将其业务焦点转移到了重庆,并在中国香港和新加坡设立了分支机构。随着国民党政府的迁移到重庆,重庆逐步崭露头角,成为这个时代保险行业的核心地带。在当时的重庆,华商保险公司的数量超过50

家,而新成立的公司则有二十多家。

在抗战取得胜利之后,国民党的官僚资本保险公司纷纷将其总部迁移到上海,并开始接管日伪保险公司。与此同时,外商保险公司也在上海重新开业,使得上海逐渐成为中国保险行业的中心。

二、新中国保险事业的创立与发展

中华人民共和国的诞生开启了中国的新纪元,也揭开了中国保险史的新篇章。

1949年10月20日,中国人民保险公司正式成立,总公司设在北京,在各大区设立区分公司,由中国人民银行总行直接领导。在正式成立前召开的第一次全国保险工作会议上,确定了"保护国家财产、保障生产安全、促进物资交流、增进人民福利"的社会主义保险事业基本方针。

在这个阶段,社会主义保险行业取得了令人鼓舞的进展,成功地完成了对私营保险行业的社会主义改革。在全国范围内,建立了一个相对完善的社会主义保险体系,普遍成立了保险机构,并制定了新的规章制度。此外,还恢复和开展了多项业务,培养了大量的保险管理人员,并与世界大多数国家和地区建立了直接和间接的分保关系,以及货损和船损检验代理关系。

为了响应经济改革和对外开放的政策,我国已经陆续推出了多种新型保险产品,包括建筑工程险、安装工程险以及海洋石油开发险等。

1986年10月,作为恢复组建的我国第一家股份制综合性银行,交通银行上海分行开始经营保险业务,打破了我国保险市场上独家经营保险业务的局面。1991年4月,交通银行保险业务部按分业管理要求分离出来,组建中国太平洋保险公司,总部设在上海,是我国第一家全国性、综合性的股份制保险公司。

1994年11月,美国国际集团子公司美国友邦保险公司(AIA)在上海开设分公司,标志着我国保险市场迈出国际化的第一步。1995年6月,《中华人民共和国保险法》颁布,为规范我国保险市场提供了法律依据,也

第一章 保险概述

为发展我国保险市场创造了良好的法律环境。

1996年,中国人民银行又批准设立5家中资保险公司——华泰财产股份有限公司、泰康人寿保险股份有限公司、新华人寿保险股份有限公司、永安保险股份有限公司和华安保险股份有限公司。1996年11月,我国第一家中外合资的人寿保险公司——中宏人寿保险有限公司在上海成立。

1998年11月,中国保险监督管理委员会正式成立,中国保险业从此有了独立的监管机构,保险监管开始走向专业化和规范化。

2018年4月,中国银行保险监督管理委员会正式挂牌。作为国务院直属事业单位,其主要职责是依照法律法规统一监督管理银行业和保险业,维护银行业和保险业合法、稳健运行,防范和化解金融风险,保护金融消费者合法权益,维护金融稳定。

近年来,中国保险业原保险保费收入逐年增加。2020年,我国保险业保费收入4.5万亿元,同比增长6.1%,提供保险金额8710万亿元,同比增长34.6%,赔付支出1.4万亿元,同比增长7.9%,有效支持了经济社会发展。截至2020年末,我国保险公司总资产23.3万亿元,同比增长13.3%。

第二章　大数据赋能中国保险业改革创新

　　新兴技术的应用总是伴随着新的挑战,我国的保险行业与大数据技术的融合,不仅带来了有意义的进步,同时也经历了融合过程中的困难与调整。从宏观角度看,大数据时代为我们带来了前所未有的发展机会,但同时也使整个行业面临了前所未有的挑战。展望未来,随着一系列关于大数据发展的政策文件的发布,保险行业的大数据发展政策环境逐渐完善,保险机构也更加重视大数据的应用,大数据相关技术的发展为行业应用奠定了坚实的基础,为保险业的创新发展提供了机会。

第一节　大数据为保险业改革创新提供战略机遇

　　得益于各级政府的政策扶持,为保险行业的大数据应用提供了有利的政策环境。同时,大数据技术和产业的迅猛发展也为大数据在保险行业的广泛应用奠定了坚实的基础。

一、改变保险业承保技术水平

　　随着大数据和众多新兴技术的进步,现有的风险管理技术组合可能会发生进一步的变革,从而提高保险行业的承保技术标准。

　　首先,随着大数据来源的不断拓宽和处理能力的增强,随机损失的采样评估变得更加精确。通过积极应用大数据分析模型,我们可以持续地提高对风险损失的预测精度。大数据技术是基于传统数据库领域中的数据仓库和数据挖掘而进一步发展的,尽管它处理的数据在结构上存在显著的差异。传统的数据库主要存储结构化或半结构化的数据,并采用二维表或标准 XML 文件的形式来保存这些数据,由于其结构的明晰性,使

第二章 大数据赋能中国保险业改革创新

得数据处理变得相对简单;大数据的目标是处理所有计算机能够存储的数据格式,这包括互联网上的各类网页、图片、音频、视频,办公文件、报告,人们在搜索引擎中输入的关键词,社交网络上的留言、喜好,以及各种传感器自动收集的监控结果等。不难看出,处理非结构化的数据格式更为复杂,但它在分析客户的需求、掌握需求的变动以及深入了解风险的实际程度上具有更高的价值。随着深度机器学习和其他新型大数据分析技术的进步,保险公司得以在海量数据中发掘潜在的联系,这为他们提升业务能力创造了极佳的机会。另外,在传统的数据库时代,由于计算机的存储和处理能力相对较弱,通常会首先对数据进行采样,然后再进行进一步的处理。然而,不合适的采样方式常常会引发预测和分析结果之间的偏离。在大数据的时代背景下,保险公司凭借其出色的数据处理能力,能够处理所有数据,即使是极少量的异常数据也不会对整体决策产生负面影响,从而极大增强了决策的信息支持。

再者,通过数据的公开和共享,信息的不对称性得到了减少,这使得客户和保险公司能够更加精确和理性地选择目标,从而使市场竞争更加健康。比如说,推广和应用可穿戴设备能够为医生和患者提供更加全面的信息,有效地解决信息不对称的问题,从而极大地优化健康风险管理的技术环境。观察市场上现有的产品,我们可以看到有些产品能够将用户的行为和健康状况的实时变化转化为健康风险的信号,并在需要的时候发出健康管理的警告,比如,如果某个时段的运动量不足,它们会建议用户增加运动量;如果连续一段时间的心率异常,这会提醒用户需要注意休息。基于此,监测数据还可以通过互联网传送至专门的分析机构以供解读,从而达到远程医疗的目的;当检测到患者的生理指标(例如心率)出现异常、急性高风险疾病发作或跌倒等情况时,如果生命受到威胁,可以迅速向医院和家属发出警告,这对于抢救患者,特别是为了赢得挽救生命的时间,具有极其重要的意义。除此之外,一些企业也推出了如智能药盒这样的产品,旨在提醒患者按照医生的建议准时服药,并能及时告知医生他们的近期用药频率和时间。通过使用这些先进的设备,医疗服务提供者能够更加全面地了解患者的健康风险因素,这不仅有助于实现"早期发现、早期干预、早期治疗"的目标,还能更有针对性地制订治疗方案,从而更加有效地进行个案的健康管理。因此,这将大大降低健康干预的成本,并提升公众的健康状况。在这样的大背景下,保险公司有可能获取数量急剧增加的数据信息。如果能够有效地管理和激活这些庞大的数据资产,使其能够被更广泛地应用,并用于企业的运营和健康风险管理,那么这将极大地推动商业健康保险的创新性发展,同时也将使市场竞争更加健康。

最终,在大数据领域,社交网络技术为保险对象提供了更为细致和精确的描述,因此个性化的保险费率也逐渐浮现。通过个性化的定价策略,我们可以有效地避免逆向选择,管理道德风险,并增强消费者的购物体验。此外,个性化定价策略能够减少价格战的发生,从而推动市场向更健康的方向发展。在这个个性化的费用率时代,针对不同消费者的价格可能会有所不同,这使得竞争者很难观察和追踪,因此,保险市场的竞争将更多地转向服务和质量的竞争。

二、扩大可保风险范围

正如之前的描述,大数据的出现和进步已经重新定义了保险公司在精算、核保等关键技术领域的界限。原先用于确定可保风险范围的基础技术条件已经发生了变化,这使得一些原先难以以低成本衡量和概率分布的风险现在变得可预测和可度量,从而为保险业务提供了承保的可能性。这一变化有效地将原本不具备可保性的风险纳入了保险业务的考虑范围,并有力地推动了新型保险产品种类的快速发展。

三、改变保险标的的风险特性

大数据代表着技术的不断前进,这种技术的发展既可能促进新领域的壮大或降低成本,同时也有可能使传统行业遭受衰退,甚至面临消亡的风险。从长期的角度看,大数据技术的进步很有可能会重新定义保险对象的风险属性,从而为保险行业的创新性发展创造更多的机会。

例如,随着大数据技术与传统汽车行业的深度整合,机动车正在向更加智能化的趋势演变。技术的进步从汽车的防抱死系统、牵引力控制和车身稳定系统的应用,到辅助驾驶和自动泊车等半自动技术的发展,再到无人驾驶汽车的出现,都是技术进步的体现。特别是随着无人驾驶汽车的诞生,它们利用雷达传感器、激光距离测量、摄像系统和定位系统等多种技术手段来收集大量的内部和外部数据。这些数据经过高效的数据处理和视觉计算,实现了自动控制和智能驾驶的目标,并能够几乎实时地做出响应。在2005年,斯坦福大学团队在谷歌公司的工程师塞巴斯蒂安·特隆的领导下设计的斯坦利机器人荣获了美国国防部高级研究计划第二届挑战大赛的冠军,并在沙漠环境中成功行驶了212公里。之后,谷歌经过一系列的技术创新和人工测试,于2014年底公布了其首个完整的无人驾驶原型车的制造完成。到2015年,谷歌开始进行道路测试。谷歌生产的无人驾驶汽车已经得到了美国加利福尼亚州的法律批准,并有可能在该州部署超过百辆。此外,英国、法国、德国、日本等国的研究机构也都在无人驾驶汽车技术领域投入了大量资金进行研发。在中国上海举办的2015CESASIA大会上,沃尔沃推出了DriveMe项目,而BBA、福特、丰田等汽车制造商也推出了他们自己的无人驾驶技术。自20世纪80年代起,我国开始研究无人驾驶汽车,国防科学技术大学在1992年成功研发了中国第一辆真正意义上的无人驾驶汽车。2005年,百度开始研究城市无人驾驶汽车的技术,并在上海交通大学成功研发了一些现有的汽车。2011年,国防科学技术大学自主研发的红旗无人汽车首次完成了从长沙的286公里无人驾驶汽车到武汉的全程无人驾驶技术,并在2014年开始了与大人驾驶汽车公司的合作研究,包括大脑、无人驾驶汽车的技术和其他方面的技术。例如,如何确定无人驾驶汽车事故中的责任成为一个非常显著的议题。关于坐在无人驾驶汽车里的人是责任方还是汽车是责任方,根据责任方的不同,应该是投保车险的保险公司负责事故赔偿,还是汽车制造商负责赔偿呢?关于这一点,各方的看法并不完全一致。一些人持有观点,认为无人驾驶汽车中的驱动算法、传感器和控制系统都是由制造商设计和开发的,因此应当由制造商承担责任并进行相应的赔偿。然而,还有一部分人持有这样的观点:无人驾驶汽车在某些特定环境下需要特别的维护和保养,一旦超出这些界限,车主应当为此承担责任。还存在一个与自动驾驶汽车道德选择有关的情境。当自动驾驶汽车遇到紧急状况时,它可能会按照预先设定的程序来操作。尽管程序可能不同意选择事故的标准,并可能更偏向于车辆的安全性,但它可能忽视了事故可能带来的严重后果,如宁愿撞人也不愿撞墙等,这使得事故责任的定义变得更为复杂。在保险行业中,如何确定责任、车险销售是与汽车公司直接绑定,还是与汽车驾驶员或单独的无人驾驶汽车签署合同,都是需要深入评估和研究的问题,同时也需要法律和法规的进一步完善。然而,这肯定会对保险公司的承保风险结构造成显著的影响。另外,无人驾驶汽车的诞生和普及,对机动车的风险发生频率和其严重性都产生了显著的影响。随着无人驾驶汽车技术的飞速进步,汽车事故的发生率大幅下降,许多车主选择不再为车辆购买保险,这将导致车险的保费大幅减少,从而对企业的收益产生严重的负面影响。然而,随着大数据的不断积累和技术的持续进步,保险公司有可能实施差异化的个性化定价策略。虽然保费会根据风险等级进行收取,从而降低总收入,但由于提高了安全性和降低了赔付率,车险业务的运营绩效也将得到明显的提升。当前,传统的保险公司能否在与无人驾驶汽车发展趋势的"碰撞"中存活并进一步繁荣,将依赖于它们在面对不可避免的颠覆性未来时如何进行有效的过渡。在这个过程中,我们面对众多的风险,但同时也有巨大的发展机会。毫不夸张地说,面对技术的飞速发展,保险公司不应仅仅专注于传统保险行业的技术和专业知识,而应从更宏观的角度重新思考无人驾驶汽车时代的保险模式。

四、提供赶超国际同业机会

大数据起源于互联网,而互联网公司拥有最丰富的大数据资源、最出色的大数据挖掘技巧以及最深入的大数据应用领域。在全球排名前十的互联网公司里,中国已经占据了其中的四个位置。从大数据技术的应用角度看,我国与发达国家之间的差距并不显著,在某些特定领域我们甚至拥有明显的优势。然而,在传统的保险业务和服务领域,我国的企业与国际上的先进保险公司之间仍有相当大的差距。因此,如果我们能在大数据的深度应用上实现重大突破,推动保险行业的创新性发展,那么我们就有可能在传统的保险业务和服务领域逐渐缩小与先进市场之间的差异,甚至在某些特定领域实现技术超越。

随着互联网行业的持续发展,大数据技术也在不断地进步,并在各个行业中得到了整合、个性化的应用以及价值创造。中国的互联网行业发展势头强劲,孕育出了像阿里巴巴、百度、腾讯这样达到国际标准的大型网络公司。伴随着互联网、云计算和大数据等技术的飞速进步和创新,传统保险公司正在积极寻找创新的业务策略。与此同时,一些渴望进入保险业的新兴公司也在寻找一条与传统保险公司截然不同的发展路径。竞争的日益激烈为保险行业的创新和"弯道超车"提供了强大的推动力。到了2013年底,众安保险正式成立,并荣幸地成为全球第一家互联网保险公司。他们的目标是跳出传统的互联网服务模式,通过互联网来创新保险业务。这不仅是一次创新尝试,也为整个保险行业的改革和发展提供了一个新的机会,起到了引领作用;中国保信,作为国内保险业的重要数据平台,正在积极推动国内保险行业的大数据发展。

第二节　大数据给保险业改革创新带来客观挑战

一、传统思维方式需要转变

随着大数据技术的广泛应用,保险行业需要彻底改变其传统的思维模式,对自身的经营和管理策略提出挑战,真正做到以客户需求为核心,持续了解和激发客户的潜在保险需求,运用大数据的理念来开发具有创新性的保险产品,从而将传统保险业的发展模式从依赖经验转向数据驱动。

(一)经验驱动模式亟待改变

美国的管理和统计专家爱德华·戴明曾经说过:"除了上帝之外,所有人都应该依赖数据来表达自己。"在未来,大数据将成为任何组织的关键资产和竞争力。对于一家公司,特别是规模较大的企业,如果缺少相应的资产和能力,那么在激烈的竞争中生存将会非常困难。自保险行业成立之初,就与数据紧密相关,但其是否真正融入了数据分析思维仍是一个未解之谜。随着大数据的出现和其应用的持续进步,保险公司需要对其经营策略进行相应的调整,无论是产品创新、经营质量还是内部和外部管理,都应与大数据的理念保持同步。

从决策者的视角出发,与过去主要依赖经验来做决策不同,在大数据的背景下,我们需要更多地关注数据的分析和市场的变动。通过整合和分析大数据,我们可以获取真正有价值的信息,为决策者提供有力的数据支持。这一做法将让保险公司的决策过程更具针对性和实用性,减少资源浪费,有效地规避潜在风险,并在企业的运营和管理中实现更加科学和数字化的操作。此外,利用数据可以推动公司的创新活动,构建一个正向的激励循环,同时,保险公司也能通过互相学习来增强其大数据的应用技能。

观察企业的经营策略,我们可以看到,在大数据的背景下,企业的运营方式应当更偏向于数据化而非资产化。在目前这个阶段,大规模地建设各种服务网点并精心维护庞大的销售团队,被视为一个能够显著提升公司总体价值的重要因素;然而,在不远的未来,这类公司可能会意识到,即便是提供现场服务,也不需要如此多的网点,因为这些网点可以通过外包采购来获取,公司只需妥善管理服务组织,也不需要那么多的人力资源,因为这样的成本是非常高的。回溯到十多年前,招商银行由于网点铺设的难题,决定转向网络银行的建设。如今,它已经成为国内消费者体验和品牌评价中最为出色的银行之一。随着大数据时代的到来,企业在经营活动中更倾向于依赖大数据技术,而非传统的实体网点或人力资源。这不仅是未来的发展方向和趋势,也是保险行业需要深入理解和掌握的大数据思维方式。

(二)抽样思维需向全量分析转变

在大数据的背景下,依赖统计学的"抽样"方法已经失去了其竞争优势,这迫使我们重新审视和理解原先基于概率论和统计学构建的保险经营理论,其中最关键的是大数定律和中心极限定理。在概率论的历史进程中,伯努利[①]首次提出了极限定的观点,这一观点后来被人们普遍称作"大数定律",也就是在概率论中,随机变量序列的算术平均值最终会收敛到一个常数的法则;中心极限定理进一步阐明,随机变量序列的部分和分布逐渐趋近于正态分布,这为误差分析提供了坚实的理论基础。依据这两个核心定理,保险公司在承保时,每一类标的的数量都必须足够庞大,或者需要通过再保险的方式来分散潜在的风险。如果没有足够的数量基础,那么就无法形成所需的数量规律,也就无法保持合理的经营稳定性。

在大数据的背景下,对大量数据进行深入分析已经变得可行。这使得公司能够轻松地获取、筛选和分析精算、营销、投保、服务和理赔等各个环节的统计信息。通过这种方式,公司可以以较低的成本获取外部关于标的位置、行为等各方面的实时信息,从而能够自主地识别出与投保标风险相似的其他潜在标的的风险水平。这使得在标的数量较少的情况下,能够更加科学地设定费率,并设定各种费率调节因子,实现个性化的定价。从某种角度看,大数定律和中心极限定律所强调的"大量",并不是指"众多的保险对象",而是指"众多的风险载体"。实际上,以众安保险的实际运营经验为背景,大数据部门主要依赖大量的数据来筛选和确定各种风险载体的特性,并明确其风险等级。而精算部门则采用传统的理论来为其定价,包括增加合理的安全边际和设置适当的准备金,这样做是为了

---

① 雅各布·伯努利(Jakob Bernoulli,1654—1705年),伯努利家族代表人物之一,瑞士数学家。

防止由于随机扰动导致的经营不稳定,确保业务的稳健运行。

从这个角度看,保险行业需要对传统的、基于抽样统计的保险经营理论基础进行重新的理解,并合理地扩大可保风险的范围。如果保险公司仅仅局限于使用抽样数据进行模型分析,那么哪怕他们只比竞争者少使用一条数据,或者他们的定价只比对手高出一分钱,或者仅仅是遗忘了一个普通客户的生日,今天的微小失误也可能成为他们未来难以逾越的挑战。

(三)传统数据获取方式亟须转变

大数据以其快速的变化和高频度为显著特点,而保险行业则以其高稳定性和低客户交互频率为行业特色。在大数据的背景下,如何全方位、迅速、高频地采集、处理和利用这些数据,已经成为保险行业所面临的一大挑战。

大数据的一个显著特点是其快速的变化性。企业能够接触到的数据,已经从一个固定在某一特定时间点的静态数据,演变为可以在任何时间、任何地点收集的动态数据。一个显著的实例是,随着技术的不断发展,感应器已经被广泛地集成到电网、铁路、桥梁、隧道、公路、建筑、供水系统、大坝和油气管道等多种设施中。这些感应器不仅可以直接穿在人们身上,还可以整合到衣物和配件中,成为日常生活的一部分,并被广泛地连接在一起。借助大数据技术,我们可以以更精细和动态的方式管理生产和生活,从而实现"智慧"的状态。随着智慧经济模式如智慧医疗、智慧电网、智慧油田、智慧城市和智慧企业的涌现,数据会随着时间的推移而不断地更新,这种变化揭示了数据如何随时间演变,并有效地展示了数据的增长潜力。与数据增长能力的转变相比,某些领域已经涌现出基于数据的生态系统。这些系统从最初的单一客户行为扩展到了交易双方、中间流程、外部因素等多种数据类型,并在多个领域持续扩展,为大数据的多角度分析和应用创造了丰富的数据资源。淘宝网的数据生态系统是一个非常典型的例子。经过超过六年的持续发展,这个生态系统已经初步建立起来。它不仅包括了电子商务平台、买家、卖家、供应物流供应商、金融机构和软件服务提供商等内部成员,还涵盖了政策、法律、经济、社会和技术等外部因素。在生态系统的实际发展中,各个领域都会根据生态环境的变动作出相应的调整,并持续地发展和变革。根据估算,近80%的全球数据是由个体用户生成的;预计到2020年,全球将有500亿台设备接入互联网。这些设备的地理位置、网络浏览习惯、健康信息以及基因数据等,都将变成技术为个人提供服务的宝贵资源,这也意味着商家能够对每位用户有一个准确的认识。

观察传统的保险行业,从购买保险产品、确定报价、确定保险责任期、处理出险理赔到提供客户服务的每一个环节,都会出现各种不同的数据,这些数据是由多种因素共同作用的结果,这为形成一个完整的生态系统提供了必要条件。然而,在传统的经营模式中,保险公司的数据资源大多是"自然生成"的,每个产品周期内通常只与客户签订一次合同、进行一次赔付,这是一种简单的模式。如果我们不能有意识地进行干预,那么获取动态和多样化的数据资源将变得非常困难,这不仅会阻碍保险行业大数据生态系统的构建和完善,还会影响到利用上述各种技术和模式来提高保险业务中数据的准确性和信息的对称性,以及提供有效的风险管理和客户服务的能力。与新兴的互联网公司相比,保险公司在数据处理上显然处于不利位置。为了利用大数据分析技术寻找最适合的应用领域并使保险行业的大数据产生实际价值,我们需要改进数据采集方法,并通过成本效益高的方式和平台来获取大数据资源,这也为行业大数据的应用带来了前所未有的挑战。

因此,在大数据的背景下,众多的企业都相信,互联网公司凭借其技术、数据和创新的优势,会给金融领域带来深远的影响。根据本书课题的调查结果,有63%的企业表示,互联网公司拥有传统金融机构难以匹敌的数据上的优越性,这些企业甚至有潜力彻底改变整个行业的运营模式;有26%的公司表示,与传统的金融公司相比,互联网公司具有明显的优势,并被视为强大的市场竞争者;有11%的公司觉得与传统的金融公司相比,互联网公司具有某种程度的优越性,但保险行业本身也拥有不可取代的优点,因此其产生的影响相对较小;仅有1%的公司表示,尽管互联网公司拥有大量的实时数据,但它们在保险行业的运营中价值较低,存在大量的冗余信息,这并不意味着它们具有竞争力。

二、数据资源管理有待加强

在大数据的时代背景下,数据不仅是宝贵的资源,同时也构成了关键的公共基础设施,而集中管理数据资源则是大数据深度应用的基石和先决条件。尽管保险公司在信息化方面起步较晚,但其进步是显著的。目前,行业数据的大规模集中已经初步形成规模。课题组的专项调查显示,98%的保险公司的数据资源已经实现了全国范围内的集中,虽然在数据架构建设和深度应用方面取得了一定的进展,但仍然不能完全满足当前的需求。

首先,我们缺少一个统一的数据管理机构。在保险业中,数据资源管理仍然是初级阶段,其整体状况呈现为"纵向强大而横向较弱"。当前的"烟囱"结构是按照应用进行分类的,数据资源管理主要遵循"数据跟随系统走"的策略。数据是基于业务应用的,并被视为应用系统的一个重要组成部分。各个业务系统负责管理自己的数据资源,而数据则被固定在业务应用系统内部。在构建系统的过程中,数据并没有从整个保险行业的角度进行统一的规划和设计,而是仅仅被视为应用系统的一个组成部分。由于应用系统的开发时间和开发单位存在差异,因此其设计工作往往缺乏相互之间的协调和整合。因此,关系数据模型是根据各个独立应用系统的功能需求来设计和实施的。这种分散管理数据资源的方式强调了以业务为中心的管理理念,可以有效地保证各应用系统业务的正常运行,但也导致了各自为政的情况,给数据共享应用带来了困难和不便。由于统一的数据仓库和商业智能应用还未完全建立,内部数据存在大量冗余,这给大数据的分析和应用带来了很多困难,需要在数据清洗阶段投入大量时间。尽管有些企业已经建立了自己的数据仓库,但由于数据分类模糊和应用价值不高,这些仓库并没有产生预期的决策支持效果和商业价值。

其次，数据管理的效率相对较低。从数据生命周期管理的角度出发，课题组的专项研究表明，超过70%的保险公司的数据保存期限是永久的，但是数据的利用率却很低。鉴于数据的迅速增长已经对应用系统的运行效率产生了影响，我们迫切需要对保险行业的数据生命周期管理进行规范化，以提升应用系统的运行效率并减少运营成本。

从宏观角度观察，我国的保险公司在数据结构的构建和深入应用上仍有提升的空间，还缺少一个统一的数据管理体系，数据结构体系需要进一步完善，大数据的分析和挖掘能力需要进一步加强，而大数据的应用范围也需要进一步拓展。

三、复合型人才严重不足

互联网是大数据技术的发源地，而保险行业仅仅是大数据技术应用的其中一个领域。对于这种起源于外部的技术，如果保险行业想要与大数据技术同步发展并充分利用这些新技术，无疑是一个巨大的挑战。这也对大数据领域的专家，尤其是那些既精通保险行业又对大数据技术有深入了解的复合型人才，提出了极高的要求。然而，从当前的情况来看，保险公司在产品开发、分销和服务等方面的职责是由专业且相互独立的部门来承担的。这是因为每个环节都有其特定的"壁垒"，需要经过专门的培训来提高效率。企业主要是通过优化各个环节之间的合作来实现其经营目标。展望未来，公司的各个业务领域和环节都将深度融入信息技术和数据应用，这将大大降低信息收集和处理的成本。大多数关键业务，如分销、核保和理赔，都可以在智能模型的框架内自动完成，从而减少部门间的技术障碍。这不仅要求各部门能够并行工作并进行同步优化，还需要一群具有综合能力的人才，他们能够整合计算机、通信、数学等多个学科的理论知识，并能将这些知识与保险业务的理念和思维相结合。

因此，我国的保险行业正积极地寻找建立大数据团队的方法。然而，这确实不是一件简单的事情。是依赖个人的人力资源来学习和应用保险技术，还是通过引进专业人才来自我提升，或者是通过与第三方合作来获取大数据技术,这都是一个需要持续研究和探讨的问题。各个保险公司普遍面临的行业问题是大数据人才培养的困难。

面对人才短缺的问题,当前的保险公司普遍采取的策略是,在维持现有的"存量"管理模式的基础上,建立一个"增量"的大数据团队,并结合灵活的应用研究,来推动大数据的广泛应用,并进一步研究未来的企业管理策略。面对复合型人才的短缺,我们建立了一个由具有交叉学科背景和丰富经验的专家组成的大数据团队。在多数企业中,业务人员、IT部门人员和精算部门人员会被综合运用,通过深入的交流和讨论,以互补各自的不足,从而优化保险行业大数据人才的组合,目标是培养出既了解业务又精通技术的高级大数据专才。举例来说,中国平安已经建立了一个专门负责数据平台技术的部门,该部门通过数据库专家从数据库中提取信息,然后由分析人员进行报表的分析,并协助各个部门进行数据的共享;泰康人寿的大数据部门主要是从公司内部调派了一些负责商业智能的员工,并与新引进的技术和业务人员进行了优化组合。

四、数据共享共用面临现实约束

封闭会引发混乱与腐化,而开放则为我们带来了秩序与活力。大数据高度重视数据的开放性,它要求数据的使用方式从过去仅仅是为了单位和个人的利益,转变为面向全体公民的共享。在保险行业中,"公共基础设施"的定义已经发生了变化。数据架构成为公司IT架构的核心部分,因为在信息系统的支持下,公司的业务运行状态是通过信息系统中的数据来反映的。数据不仅是信息系统管理的重要资源,也是公共基础设施的一部分。如何构建一个公平且合理的数据共享平台,以及如何合规地使用这些数据,在技术、法律和交易规则方面,都为保险行业带来了一系列的挑战。

首先要明确的是,行业内的数据共享方式迫切需要进一步完善。在企业进行数据收集的过程中,他们通常会对自己的数据进行保护,这限制了大数据的流通性和开放性。在数据的共享与合作建设上,公共数据平台的建立、行业间数据的共享与合作加强以及市场化交易机制的推进都进展得相对较慢。从当前的行业现状来看,保险公司非常渴望能够共享欺诈索赔的客户名单和车型的零整比数据等业务信息。如何在保险行业内有效地分享这些信息,以及如何与其他行业分享数据,已经变成了当前保险公司最关心的核心议题。通过课题组的专项研究,我们对保险公司在数据共享方面的需求有了更深入的了解。特别是在反欺诈信息、车险信息以及健康险信息的共享方面,需求尤为紧迫。这也从一个不同的视角揭示了当前保险行业在大数据应用方面的发展趋势。此外,我们还需要进一步完善行业的数据结构体系。经过多年的实际操作和探索,保险业已经逐渐形成了一套具有其独特性质的数据架构体系,然而,这一体系仍存在很大的优化和提升空间。一方面,由于数据资源的不足,课题组的专项研究表明,这在阻碍保险公司进行大数据应用的主要障碍中排名首位,有75%的保险公司认为这是他们进行大数据应用的最大障碍。从另一个角度看,保险业目前只建立了初步的数据标准体系,但数据的标准化水平仍然不够高,这导致了数据标准的覆盖范围不足和不统一的问题。

其次,在获取外部数据的过程中也遇到了一些难题。根据本书课题的调查数据,80.9%的参与调查的保险公司更倾向于与拥有先进大数据技术的互联网公司合作,而71.5%的保险公司则更愿意与保险业的信息技术巨头中国保信合作,以实现大数据的应用。此外,对于金融机构、医疗卫生/汽车修理服务和电信运营商的合作,也存在不同程度的合作意向。然而,在现阶段,从外部获取数据面临着实际的挑战。一方面要考虑的是数据共享的问题。尽管我国的某些部门和机构掌握了大量的数据,但他们往往不愿意与相关部门分享,或者缺乏一个完善的机制来合法且合理地分享这些信息。为了打破数据分割的现状,政府的信息公开应该发挥积极的领导作用。另一方面,外部数据的成本相对较高,其可靠性仍需进一步验证,而消费数据则涉及隐私等方面的问题。

最后,我们还需要对数据服务进行进一步的优化。尽管保险行业在中国保信的支持下已经初步建立了一个统一的数据共享平台,但其数据共享的规模和数量都相对较小。大多数数据共享仅限于同一业务系统之间的数据交换,只有少数应用系统会将其基础信息分享给其他业务系统,而这些系统之间提供的基础数据种类和数量都非常有限;数据的共享与交换机制相当复杂,并且由于同一数据可能有多个不同的数据源,这可能会导致信息不统一,从而引发数据质量的问题;大规模的数据提取活动降低了常规业务处理的效率,从而引发了数据传输的延迟;在数据交换的过程中,缺少了严格的数据验证和过程管理标准。在内容的管理方面,应用的完善是必要的。在保险行业中,数据结构的复杂性和数据集中的难度都相当高。在健康险、税延养老险、农业险等多个主题数据系统中,涉及的数据类型多样、应用范围广泛,并且在数据处理和保存期限方面的要求也各不相同。每一种系统都涵盖了大量的、数量不一的结构化数据,如报表或半结构化数据,以及文档、合同文件、日志文件和辅助信息等非结构化数据。如何将这些数据进行集中、采用何种技术进行集中,以及如何在集中后有效利用这些数据,都是当前面临的巨大挑战。

从宏观角度看,如何构建一个公平且合理的数据共享平台,以及如何合规地利用这些数据,在技术、法律和交易规则方面都为保险行业带来了巨大的挑战。

五、信息安全和隐私保护制度尚存缺位

在大数据如洪水猛兽般涌现的情况下,如何确保这些数据,尤其是一些机密和隐私数据的采集、储存和使用的安全性,既能发挥数据的价值,又能很好地保护隐私,成为保险行业面临的一项重大挑战。

当前,大数据在其收集、储存和应用的全过程中遭遇了多种安全威胁,尤其是在数据高度集中和数据安全性之间存在明显的矛盾。数据的大规模集中代表了统一的管理方式,减少了重复的建设工作。当数据被集中后,它可以显著提升企业的管理效率,强化风险管理,进一步优化资金流动和运营效率,并优化企业的管理流程。此外,数据的集中化也是开展各种新业务和新服务的关键基础。尽管如此,数据的高度集中在某种

程度上提高了系统的易受损性,如果某个地区的系统出现故障,那么整个国家的系统都可能遭受打击。

此外,当个人身份信息在多个组织中普遍存在时,个人的各种活动都会被这些组织的数据库持续地"记录"和"监控"。如果这些信息被不正当地利用和整合,那么个人隐私将难以避免地受到侵犯。大数据可能导致隐私泄漏,给用户带来巨大的麻烦,因此在大数据时代,数据的安全性和隐私保护成为一个不可忽视的问题。经过课题组的深入研究,我们发现保险行业在推动大数据应用时面临的一个普遍问题是数据来源的不足。有84%的公司仅仅依赖企业内部的数据来进行数据挖掘和应用,而这些数据大多来源于核心业务系统的客户保单数据,这使得我们难以全面而准确地描述客户的各种特性。为了实现更为精确的产品设计和风险管理,我们需要收集更多、更全面的信息。然而,目前的法规并未明确规定在哪些特定情境下,保险公司能够访问哪些外部客户信息,以便更有效地进行客户分析、产品定价和风险识别等需要大量数据支持的任务。由于行业内没有明确的界限,所以监管机构在推进大数据工作时,需要考虑数据的合规性和其他相关风险,发布一些行业规则或指南,以确保数据的安全性和合规性,并从多个角度为大数据的应用提供宏观指导。在构建风险监控体系时,加入数据安全的监控机制是保险行业所面对的一项重大挑战。

在大数据的背景下,目前用于保护隐私的法律工具和关键技术正面对着前所未有的挑战。在过去,个人的身份信息通常是简洁明了的,包括但不限于姓名、身份证号和税务记录等,只需确保这些信息不会被误用,从而使得隐私保护变得相对简单。如今,哪怕是最安全的数据,只要被数据收集器收集到了足够多的量,也会暴露出个人的身份。目前,匿名化或简单的隐藏方法已不再适用。由于数据的价值在很大程度上体现在二级用途上,而在数据收集过程中并没有考虑到这一点,因此"告知与许可"的功能已无法发挥其应有的效用。更进一步地说,目前对某人的监控很可能会侵犯到比过去更为广泛的个人隐私信息,因为这些信息之间的联系将会显著增强。在大数据的背景下,如何妥善处理由数据共享引发的信息泄露风险,建立高效的隐私保护机制,并确保数据使用者对其行为负起责任,同时在客户隐私保护和数据使用之间找到平衡,成为保险行业所面临的重要挑战。

第三章 大数据赋能我国网络安全保险承保范围的理论与优化路径

第一节 核心概念界定与理论基础

一、核心概念界定

(一)数字经济的概念

数字经济通过运用大数据技术使资源得到优化配置与再生,从而推动经济高质量发展[①]。"数字经济"最初由唐·塔斯考特(Don Tapscott)于1995年提出,唐·塔斯考特(Don Tapscott)将数字经济定义为由信息通信行业、企业和个人的电子商务共同形成的经济模式。伴随着信息技术的迅猛进步,数字经济已逐渐成为全球研究者和政府关注的中心,尽管相关领域的研究仍在持续深化,但目前还没有一个统一的定义。在当下,数字经济这一概念在全球学术界得到了广泛的认同,大致可以划分为两大类:一是广义上的数字经济,二是狭义上的数字经济。广义上的数字经济是指以数字技术为核心驱动力的新型经济形态,涵盖所有通过数字化信息、数据要素和现代信息网络(如互联网、物联网、区块链等)进行生产、交易、分配和消费的经济活动。其核心在于将数据作为关键生产要素,通过数字技术创新重构传统经济模式,提升效率并创造新价值。狭义上的数字经济是建立在信息通信技术之上的一种新型的信息化产业,它凭借

[①] 唐金成,刘钰聪.我国保险业数字化经营转型发展:机遇、挑战与应对[J].南方金融,2022(9):77-89.

其高效的生产和创新能力,与各个行业建立了紧密的联系,对社会的发展产生了积极的影响。

伴随着IT技术的迅猛进步和网络基础设施的升级,再加上智能手机、互联网、云计算、区块链和IoT的广泛应用,以及人们对大数据的深入研究,传统的工业经济模式正逐渐被信息经济、知识经济和智慧经济所替代。这种创新的经济模式不仅可以降低社会交易的成本,提高资源的利用效率,还能为产品、企业和产业带来更多的价值,进而促进社会的持续繁荣。

当前,全球经济正步入一个空前的关键转变时期。伴随着新旧经济模式的转换,传统的经济体系遭遇了衰退,但数字经济却以令人震惊的速度迅速崭露头角。中国的实际操作已经验证了这一进程的关键性,并进一步凸显了这一发展方向的明确性。随着信息技术在全球范围内的持续渗透,中国的数字化经济已经飞速发展,它已经变成了驱动创新经济增长的核心动力,并为全球经济的持续扩张和社会的持续繁荣提供了宝贵的参考。

(二)网络风险的概念及类型

网络风险指由于信息技术(IT)系统的故障(无论是通过人员、流程还是技术)而造成的任何财务损失、中断或负面声誉影响的风险。根据"Chief Risk Officer"(CRO论坛,2016),网络风险包括:利用互联网、通信网络及其他媒介作为载体,传输电子数据时可能会遭受的各种威胁;网络攻击可能导致的实质性损失;滥用数据的欺诈行为;因数据使用、存储和传输而产生的任何责任;个人、企业和政府有关的电子信息的可用性、完整性和保密性。近年来,保险市场发展了肯定和非肯定(沉默)网络的概念,认识到在将网络视为非网络独立业务类别的风险时,合同措辞中存在的不确定性。美国审慎监管局(PRA)在2019年定义了积极和非积极的肯定网络风险,即明确包括网络风险保险的保险单;非肯定网络风险,即未明确包括或排除网络风险的保险单。后一种网络风险有时被保险专业人士称为"沉默"网络风险。

(三)网络安全保险的概念及类型

1. 网络安全保险的概念

网络安全保险作为一种工具,专门用于处理和转移由网络安全风险引发的经济损失。它的核心思想是传统的财产保险在互联网环境中的扩展。利用网络安全保险手段,我们能够有力地守护被保险者的个人资料和数据资产,确保其信息的完整性、保密性和实用性。基于不同的保险对象分类,网络安全保险可以被划分为网络安全财产损失保险和网络安全责任保险。

网络安全财产损失保险是传统财产保险体系中财产损失保险的一部分。网络安全财产损失保险主要针对第一方的损失,这是因为保单中明确指出的网络安全事件会直接导致投保人(即被保险人)遭受经济损失。(1)常见的损失包括营业中断:由于潜在的风险,被保险者可能会面临停工、停业或其他不利后果,这可能会导致预期利润的减少和必要的费用支出;(2)网络勒索造成的损失包括:因网络勒索事件引发的被保险者的勒索解密处理费用以及其他必需的开销;(3)资产损失指的是:企业因资金被盗而遭受的损失;(4)应急响应的费用定义为:当被保险人遭遇可保风险事件时,为了确保自己的利益不受进一步的损害,所需的合理费用支出,例如数据的恢复和安全专家的咨询服务等。

网络安全责任保险是传统财产保险中的责任保险类型,但通常它的承保范围是传统责任保险的除外责任。在美国,对于某些与保险范围有关的争议,保险服务办公室(ISO)发布的 6 个标准商业责任条款中,与数据的丢失、损坏或遗失以及机密或个人信息的泄露有关的责任被列为例外条款 4。网络安全责任保险主要承担第三方的责任,也就是当被保险人遭遇网络安全事故时,对受此事件影响的个人或机构所应承担的法定赔偿。通常涵盖的内容有:(1)网络安全和隐私责任,以及数据泄露(无论是企业还是个人的信息);(2)涉及外包商的责任、外包商的数据泄露以及与外包商相关的安全事件;(3)对媒体的侵权行为承担责任;涉及媒体的侵权行为,如知识产权被窃取或遗失;(4)应急响应费用是指被保险人在

第三章 大数据赋能我国网络安全保险承保范围的理论与优化路径

面临可保威胁或可保风险事件时,为了保护自己的利益避免进一步的损失,所需支付的必要费用,包括但不限于法律咨询、公关管理、数据恢复和安全专家咨询等服务。一个全面的保险计划不仅确保了财产的损失,还确保了第三方的责任损失得到了保障。

2. 网络安全保险与传统财产保险概念辨析

传统的财产保险指的是保险公司根据合同条款,向投保者收取保费,并根据合同的规定,对投保者因合同内的事故导致其财产和相关利益受损的情况进行赔偿。财产保险所涉及的对象是保险合同中双方权益所指向的,这包括了有形和无形的目标。传统的财产保险可以根据不同的保险对象进行分类,包括财产损失保险、责任保险、信用保险以及保证保险。财产损失保险主要针对的是实体资产,例如房地产、交通方式、农业产品等。责任保险的目的是为受害者提供一种安全且可靠的财务保障,也就是说,当受害者遭受损失或需要支付赔偿金时,保险公司应根据双方的协议承担赔偿责任。责任保险是一种由保险公司为被保险人因对他人造成损害而承担的无形民事责任赔偿方式,它没有明确的保险金额限制,仅设定了赔偿上限,以确保受害者能够获得足够的经济补偿。综合网络安全保险结合了财产损失保险与责任保险的概念。

3. 网络安全保险的类型

首先,按投保主体不同分类,网络安全保险可以分为面向企业的企业网络安全保险和面向个人的网络安全保险。我国的企业网络安全保险的覆盖范围与全球成熟市场上提供的保险产品具有很高的相似性。在企业中,网络安全保险通常被划分为两大类:一是网络安全财产损失保险,二是网络安全责任保险。网络安全财产损失保险主要针对第一方的损失,这是因为保单中明确指出的网络安全事件会直接导致投保人(即被保险人)遭受经济损失。网络安全责任保险主要承担第三方的责任,也就是当被保险人遭遇网络安全事故时,对受此事件影响的个人或机构所应承担的法定赔偿。尽管如此,我国的个人网络安全保险产品与成熟市场之间存在明显的区别。在国内,个人网络安全保险主要覆盖账户使用过程中可能出现的风险损失和电信诈骗损失。然而,国外的个人网络安全保险产品通常提供更为全面的覆盖范围,不仅包括国内因账户使用和电信诈骗导致的损失,还涵盖了线上购物交易、网络勒索和霸凌所引发的损失。

其次,根据产品种类,网络安全保险可分为独立保单、复合保单和隐形网络风险保障。独立的保险合同通常仅覆盖与网络风险有关的方面,这包括与之配套的网络安全支援服务,具有更高的针对性和完整性。复合保单是一种复合责任保险形式,它通常会将与网络风险有关的信息附加到其他类型的财产或责任保险上,而网络安全保险则作为一种附加保险存在。隐性网络安全风险保障(Silent Cyber Risk Coverage)是一种针对可能存在的网络风险进行保护的机制。这种情况主要源于保险条款的滞后性,这导致传统的财产或责任保险并未预先明确排除或免除网络风险,实际上,网络风险被隐藏在传统的财产或责任保险之中。举例来说,董事和监事的高级管理责任保险并没有明确规定,由于公司数据的泄露,董事和高管在其职业生涯中可能遭受的第三方责任损失是可以豁免的;公共责任保险并没有明确地排除网络勒索造成的损失;企业的财产保险并未免除因信息泄露而产生的法律后果。这些都是潜在的网络风险保护措施,很容易引发赔偿争议。在数字经济的大背景下,网络设备的普及速度加快,导致网络风险急剧上升。因此,保险业必须高度重视隐藏在传统财产或责任保险中的网络安全隐患,努力改进保险条款的设置,明确传统财产或责任保险的例外责任,以避免责任的重复和索赔纠纷,或者完善仅涵盖网络风险相关内容的独立保单。

二、理论基础

本研究的理论依据是风险可保性的观点。通过运用精算理论和大数据分析手段,保险公司有能力识别出存在相似风险的企业或个体,并依据这些企业或个体的财务状况来进行合理的财务分配。这样做是为了确保少数受害者能够获得应得的经济补偿,从而实现保险公司利润的最大化。只有在这种风险被确定为可以保险的情况下,保险公司才会承担相应的责任。

要确定风险是否可保,需要满足以下几个条件:第一,损失必须是意外发生的,也就是说,损失的发生时间、地点和条件必须是意外的,并且非投保人或保险人的故意行为,必须是不在投保人或被保险人控制范围内的风险造成的损失。第二,风险具有非投机性质,也就是说,它只会带来损失的机会,而不会带来盈利的可能性,如果不这样做,道德风险就会出现。第三,风险损失应当是清晰可辨的,并且可以通过实地观察来进行评估,这包括但不仅限于发生的具体时间、地理位置、成因以及相应的经济规模。计算保险费用时,必须依据精确的损失概率分布来进行。第四,所谓的非巨灾损失是指不应产生大范围的相似风险,以避免妨碍保险公司对损失进行合理分摊。尽管巨大的破坏性灾难通常不能得到赔偿,但只要满足特定的条件,就有可能得到相应的赔偿。第五,关于可计算的损失机会,也就是风险损失的平均数值和发生频率,都是被保险人可以通过计算来确定的,这有助于保险公司对产品进行更为精确的定价。第六,众多的风险单位都面临着同等的损失风险,也就是说,那些性质和价值都相似的风险单位也会遭遇相似的风险。第七,当保险公司向投保者或被保险者收取保费时,这些保费应与其所需承担的赔偿责任成正比,否则这将对保险公司产生不利影响。经过后续的网络风险可保性研究,我们发现它符合可保性的理论,这为进一步完善网络安全保险的覆盖范围提供了重要参考。

第二节 数字经济时代我国网络安全保险承保范围的优化路径

一、网络安全保险承保范围优化的依据

(一)网络安全保险承保范围优化的必要性

1. 数字经济时代,网络安全形势日益严峻

世界经济论坛已将网络安全风险列为目前全球政府、机构和社会所

面临的五大主要风险之一。日益增多的网络安全问题不只是造成了巨大的直接经济损失,还引发了如企业声誉的下降、国家安全的损害以及关键基础设施的故障等无形的间接经济损失。随着2023年的到来,数字化转型在各个行业中都得到了深入的推进。然而,由于俄乌冲突、新冠疫情及网络攻击手段的快速变化,网络攻击者的成本逐渐下降,网络攻击的危害性也在增加。这使得关键的信息基础设施面临的网络安全挑战变得越来越严重,全球范围内发生了许多重大的网络安全事件,对国家的安全构成了巨大的威胁。因此,保持网络空间的灵活性和安全性已经变得迫在眉睫。

2. 网络安全保险面临诸多挑战,承保范围亟待优化

由于网络信息安全问题逐渐凸显,仅仅依赖当前的网络安全技术和防护手段已经不能完全避免由此带来的负面影响。保险,作为一种高效的风险管理工具,有能力将网络安全之外可能出现的风险转变为可以控制的后果。伴随着中国数字经济的飞速增长,中国的网络安全保险市场已经步入了一个全新的发展时期。根据行业统计数据,2022年中国网络安全保险市场的总保费大约为1.4亿元,但这一数字仍然明显落后于我国数字经济的快速发展,同时其保险覆盖范围也不如其他类型的财产保险。

在数字化经济的背景下,社会中的个体对信息技术的依赖日益增强,一旦受到网络攻击,服务器和计算机都可能受到严重损害,造成巨大的经济损失。当这些个体试图从破坏事件中恢复损失时,他们对财产和其他非人寿保险产品的例外条款的措辞提出了质疑。与此同时,网络安全保险市场也面临着多种挑战,这些挑战包括但不限于承保范围的局限性、承保业务结构的不合理性,以及保单表达方式的不规范性。考虑到网络安全问题的高度复杂性,为了确保极端风险事件对应的偿付能力不会对保险公司产生负面影响,有迫切的需要加强承保范围的优化工作。

(二)网络安全保险承保范围优化的可行性

1. 网络风险具有可保性

随着社会的不断发展,可保风险的覆盖范围正在快速扩大,特别是当

第三章 大数据赋能我国网络安全保险承保范围的理论与优化路径

网络风险这种极端状况出现时,它所带来的经济损失将是巨大的。过去,由于保险公司在财务、精算技巧和服务质量上的局限性,再加上再保险在分散风险方面的能力不足,这些公司很难应对这些极端状况,从而给社会带来了巨大的负面影响。随着网络风险信息的不断累积,以及保险公司和再保险公司市场规模的不断扩大和实力的增强,再加上精算和承保技术的持续优化,网络风险正在逐步转向可保障的风险范畴。目前,众多的保险企业正积极地运用技术创新手段,以转换那些不可保障的风险。因此,当前网络安全风险逐渐成为可保风险,基于传统可保性理论,其可保性如下:

第一,由网络风险引发的损失必须是意料之外的。在网络风险的承保过程中,网络安全事故的发生必须是偶然的,也就是说,保险双方对网络安全事故是否发生,发生的时间、地点、条件和损失程度是未知的,并且是无法控制的。另外,无论是被保险人还是投保人,都不应该故意导致网络事件的发生,这样可以增加事故发生的风险,使网络事件变成不可避免的事件。这不仅违反了网络风险的随机性原则,还可能触发道德风险,这对保险公司的利益是不利的。

第二,网络风险并不是出于投机目的。网络风险的出现意味着存在损失的风险,但并没有盈利的机会。在大多数情况下,无论是企业还是个人,都可能面临网络风险,这可能导致数据的泄露和其他不良后果,对他们而言,这通常意味着损失。

第三,由可保风险引发的损失必须是清晰且可以量化的。一方面,网络风险的损失必须是清晰可辨的,也就是说,这些损失的发生时间、影响范围以及具体数值都是可以明确和确定的。另一方面,网络风险造成的损失必须是可以量化的,也就是说,损失的具体金额是可以用货币来衡量的。通常情况下,网络安全事故导致的第一方财产损失和第三方责任损失,可以通过货币直观地衡量,这包括阻断网络攻击源、修复网络安全设备、清除病毒、防止网络风险损失范围扩大的应急响应服务费用、法律诉讼费用以及其他合理且必要的费用。

第四,关于非巨灾的损失,意味着大部分被保险人不能同时承受这种损失。在实际生活场景中,由于网络风险具有高度的传播性,人们普遍认为一旦发生网络事故,其影响范围将会相当广泛,也就是说,这可能会导致大部分被保险人同时遭受经济损失。

第五,关于可计算的损失机会,也就是说,风险损失的平均数值和发生频率都是被保险人可以通过计算来确定的,这有助于保险公司对产品进行更为精确的定价。尽管目前的网络安全保险评估模型尚未完全成熟,但与过去相比,保险公司已经取得了显著的进步。基于现有的评估模型,保险公司有能力持续收集经验数据,并进行实时的数据更新,以进一步优化和完善模型。

第六,许多风险单位都面临着相同的损失风险,也就是说,那些性质和价值都相似的风险单位也会遭遇相同的风险。互联网中的网络设备面临着高度的相关性和依赖性网络风险,这导致几乎所有的网络设备都处于风险之中。如果任何一台设备受到病毒攻击,都有可能传播到其他设备,因此,大量暴露的网络设备也面临着相同的风险。

第七,经济上切实可行的保险费用。网络安全保险目前的承保范围相对有限,导致保费偏低。但另一方面,保险公司可以利用风险评估模型来更为精确地估算损失,进而确定经济上可行的保费金额。

2.政策环境持续发力

我国的网络安全保险行业呈现出较晚起步和快速发展的趋势,这种产业的迅猛增长在很大程度上得益于政府的政策导向。根据"十四五"规划以及2035年远景目标纲要,我们应当大力投资于人工智能、大数据、区块链、云计算和网络安全等尖端技术领域,目的是创造更多的经济增长机会,并构建一个更为可持续的发展策略。在最近的几年中,我国的政府部门重点关注了试点的初步探索、政府的规范指导、相关标准的发布以及加强安全即服务的发展趋势。为了更有效地确保企业的网络安全、推动网

第三章 大数据赋能我国网络安全保险承保范围的理论与优化路径

安险的规范运营和巩固网安险保障的基础,他们陆续发布了一系列指导性文件(参见表3-1)。这些文件主要集中在建立系统的网络风险评估体系、网络安全保险服务的规范标准,以及提出新的网络安全保险模式。这些文件为网络安全保险承保范围的优化界定提供了明确的政策方向,并推动了网络安全保险产业进入数字化的新阶段。

表 3-1 近年来我国政府部门发布的部分网络安全保险相关政策及文件

发布时间	部门	文件	内容
2019年9月	工信部	《关于促进网络安全产业发展的指导意见(征求意见稿)》	积极创新开展网络安全保险服务模式
2021年11月	中国网络安全产业联盟	《网络安全保险安全风险评估实施指南》(征求意见稿)	通过建立一套风险评估指标、流程、内容,规范对拟投保系统的风险评估,得出风险等级、风险分值,定量化地呈现拟投保系统网络安全风险状况,为后续开展网络安全保险业务提供参考依据
2022年5月	上海市保险同业公会	《网络安全保险服务规范》(征求意见稿)	保险业内首个网安险服务标准规范,规定了网络安全保险服务的服务基本条件、服务提供过程以及服务质量评价和改进方式,为网络安全保险规范化服务提供依据
2022年6月	上海市信息安全行业协会	《网络安全保险安全服务能力评价指南》(征求意见稿)	共包括六章,分别为范围、规范性引用文件、术语与定义、网络安全保险服务特点、网络安全保险信息安全服务提供方基本要求以及评价程序
2022年6月	上海市信息安全行业协会	《网络安全保险服务技术要求》(征求意见稿)	共包括十章,分别为范围、规范性引用文件、术语与定义、缩略语、概述、保险服务基本规定、承保前风险评估要求、承保中风险管控要求、事件发生后应急处置服务要求、保险理赔服务要求
2022年6月	公安部	《关于落实网络安全保护重点措施深入实施网络安全等级保护制度的指导意见》	通过深入研究网络安全保险的政策、标准和规范,加强市场培育,推动保险试点,构建"保险+风险管控+服务"模式,以提高全社会的网络安全管理水平,实现网络安全的可持续发展
2022年7月	中国银保监会、上海市人民政府	《关于印发中国(上海)自由贸易试验区临港新片区科技保险创新引领区工作方案的通知》	鼓励保险公司利用科技来提供更先进的保险服务,并建立一个能够满足创新链需求的科技保险服务体系

续表

发布时间	部门	文件	内容
2022年9月	中国银保监会、上海市保险同业公会	《网络安全保险服务规范》	为了确保网络安全保险业务的顺利开展,保险公司在承保、风控、理赔服务等各个环节均采用统一的标准要求,以确保安全性
2022年11月	工信部、中国银保监会	《关于促进网络安全保险规范健康发展的意见(征求意见稿)》	为了促进网络安全保险的健康发展,应建立完善的政策标准体系,不断创新产品服务,加强网络安全技术的应用,释放网络安全产业的需求,并培育一个健康的发展生态

(三)网络安全保险承保范围优化的合理性

1. 进一步发挥网络安全保险服务数字经济建设的保障作用

引入网络安全保险不仅有助于将潜在风险转移到一个更为安全的环境中,还能优化资源分配,确保企业财务的稳定性和业务的持续性。这样做可以有效地整合各方资源,进一步提升网络安全的管理和控制能力,为数字经济的持续发展和构建网络强国做出积极的贡献。伴随着科技进步,众多行业,包括制造业、金融业、医疗行业和信息技术等,都在积极寻找网络安全保险的有效解决方案,以便能在问题发生前进行充分的准备,并在问题发生后进行即时和高效的管理。为了更好地满足未来数字经济的需求,我们必须持续地投入科技创新、加速变革进程、高度重视数字价值,并围绕数据资产构建专业化的服务环境,同时推出具有创新性的产品和服务。

网络安全保险作为风险管理的关键工具,能够为数字经济的持续发展提供更为广泛的支持。对于企业来说,通过网络安全保险的评估过程,能够体现出企业在网络风险防护方面的能力,加深企业对网络安全的认识,并通过购买保险来确保用户数据的安全,从而增强企业的社会责任意识。从社会的角度看,网络安全保险为企业提供了提升网络安全防范能力的机会,并通过保险策略来转移潜在风险,从而减少整体的社会成本。

2. 网络安全保险需求增长潜力巨大

伴随着互联网技术的持续进步,各企业对于网络安全的了解逐渐加深,因此,网络风险的预防和防护也变得尤为关键。因此,网络安全保险领域将面临空前的成长机会。慕尼黑再保险公司预测,到 2025 年,全球的网络安全保险市场可能会达到超过 200 亿美元的规模。尤其在数字经济的大背景下,医疗保健、专业服务、零售、制造、政府部门(包括教育机构)和金融服务行业预计将成为网络攻击影响最为严重的领域,这将导致网络安全保险业务的大幅增长。另外,网络安全保险的增长也将受到监管的关键推动。根据 2020 年 12 月的联合国数据,194 个国家和地区中有 128 个已经制定了保护数据和隐私的法律,154 个国家和地区对网络犯罪进行了立法,监管立法提高了数据的合规性要求,这在一定程度上刺激了网络安全保险的需求增加。

3. 部分网络安全产品退出市场

由于信息不对称等多种因素的影响,消费者通常不能完全理解网络安全产品的特性,因此往往只能依赖价格较高的一种安全防护产品。在这种情况下,这些产品的风险抵抗能力也会受到影响,从而导致它们逐步被淘汰。从网络安全的投入效益曲线来看,企业在购买网络安全产品后,已经达到了某种安全标准。然而,这些产品的额外成本并不能完全补偿降低风险可能带来的潜在损失。因此,如果继续加大安全投资,这些额外的成本可能无法完全补偿预期的损失。在这种情况下,选择购买网络安全保险被认为是一种降低剩余风险的高效手段,因此,扩大网络安全保险的覆盖范围变得更为合适。

二、网络安全保险承保范围优化的选择标准

综上的可保性分析,本研究在传统风险可保性理论基础上,参考了可保性标准判定的方法,总结出 12 条判断网络安全保险承保范围的选择标准。选择标准包含了四个重要方面:精算、市场、社会以及技术条件(见表3-2)。

表 3-2 网络安全保险承保范围的选择标准

	可保性标准	要求
精算标准	损失发生的随机性	损失敞口的独立性和可预测性
	可计算的损失机会	风险损失平均频率和额度可衡量
	大量同质风险单位暴露	风险损失敞口较大
	最大可能损失	易管理/控制的
	信息不对称	较低水平的道德风险和逆向选择
市场标准	保险费	保险人向被保险人提供的保费与承担的赔偿义务成正比,且被保险人可负担
	保险限额	被保险人可接受的充足的保障水平
社会标准	公共政策	符合社会价值
	法律法规	允许保险公司从事的活动类型和禁止承保某些风险
技术标准	量化建模	完善系统的风险评估模型
	持续监测	持续监测风险变化
	事故响应	及时的恢复方案

(一)精算标准

在网络安全保险的覆盖范围内,所有的网络安全事件都必须首先达到精算的标准,这包括损失的随机性、可计算的损失机会、大量的同质风险单位的暴露、最大可能的损失是可以控制的,以及存在较低水平的道德风险和逆向选择。保险的核心理念在于保障风险的独立性,这样可以更有效地降低损失发生的不确定性。大数定律指出,在保险池中,风险的独立性越高,平均总损失与预期损失之间的差异就越小,这有助于有效地减少安全负荷。因此,对于保险公司来说,保持独立性是承担各种风险的核心要素。比纳(Biener C.)的研究数据揭示,与常规的运营风险相比,网络风险所带来的最大历史损失明显减少。此外,保险公司能够通过设定保险上限来维护自己的权益,因此,由网络风险引发的损失看起来是可以控制的,并且达到了精算的标准。道德风险是因为被保险者没有采取自我保护措施的意愿,如果购买保险后发生损失,这种措施将会降低损失的可能性或损失的规模[①]。尽管一个公司可能会投资于网络风险的自我保

---

① GORDON L A, LOEB M P, SOHAI T. Market value of voluntary disclosures concerning information security[J]. MIS Quarterly, 2010(3):567−594.

护措施,但由于现代信息系统的复杂关系,网络风险的脆弱性仍然很高。因此,可以允许较低水平的道德风险和逆选择问题存在,过高的风险则不利于保险业务的运营。

(二)市场标准

要想将网络风险纳入保险覆盖范围,首要条件是保险公司需要确保向被保险人提供的保费与其应承担的赔偿责任成正比,并且被保险人有能力承担这一责任。一方面,我国的网络安全保险发展历程相对较短,提供这种保险的机构并不多,因此在制定保费时还显得不够完善,这不利于制定合理的保费策略。从另一个角度看,如果保险费用过高,中小企业由于经济能力受限,可能会减少对这种保险的需求。因此,保险公司有责任对网络风险进行全面评估,并合理地计算网络事件可能导致的经济损失,以便能够制定出合适的保险费用。其次,在保险保障的层面上,保险公司必须提供被保险人能够接受的足够的保障水平,否则将失去保障的意义,这对被保险人是不利的。

(三)社会标准

网络安全保险所覆盖的网络安全事故和损害必须与社会价值观和法律标准相一致。公共政策和监管措施能够直接决定某一特定类型的保险单是否包含了某一特定风险,其中明确了该类型保险单所需覆盖的风险范围。在特定的场合下,公共政策和监管机构通常有权要求保险公司(以及中介机构)在其产品中明确披露特定政策(IAIS 2019)下的保险和风险排除措施。在这些特定类型的保险单中,监管机构通常也有权要求保险公司(和中介机构)在其产品中明确披露相关的保险和风险排除政策,这些政策可以通过产品审批或制定产品开发准则来执行。例如,在个人信息数据的收集和使用方面,不同的国家可能会因为各自的政策规定而有所不同。政府和企业在信息收集的目的上也可能存在差异。当网络安全事故导致数据被泄露时,政府和企业所需承担的责任各不相同,但他们都应当遵循社会的价值观。因此,公共政策在网络安全事故后的损失评估中起到了关键作用,这进一步决定了保险的覆盖范围。从另一个角度看,网络安全事故导致的损害是否能通过各种保险手段(无论是单独的还是综合的)获得赔偿,都与公共政策和相关法律法规有着直接的联系。例如,巴西、智利、哥伦比亚、日本、俄罗斯和欧盟成员国都有立法或法规,通常要求政策明确规定特定政策中包含和排除的内容。①

(四)技术标准

网络安全保险与传统的财产保险有所不同,它需要大量的技术投资,以便能够有效地识别、分析和处理可能出现的风险,从而赋予保险公司更强大的技术能力。目前,网安险的主要业务模式是"保险＋服务",它不仅提供基本的保险保障,还提供全周期的服务。因此,风险评估相关的技术标准的成熟程度也是确定承保范围时需要考虑的一个重要因素。保险公司必须拥有一个全面的风险评估系统,例如在购买保险之前进行安全检查等步骤,以评估被保险公司的网络风险敞口和网络安全状态,从而为其承保决策提供有力的支持。此外,保险公司还被要求能够持续追踪风险的变动趋势,采取合理的风险预防措施,并迅速实施风险控制方案,以确保能够及时地进行防灾和减少损失。最终,当发生保险事故时,我们要求保险公司能够迅速作出反应,及时恢复相关数据。如果他们有能力最大限度地减少损失,那么保险公司可以考虑扩大其承保的范围。这确实是一个影响承保范围的关键因素,但它并不是一个绝对必要的标准。在技术标准方面,保险公司可以参考国际 ISO/IEC27002-2022"信息安全控制标准"②以及国内最近发布的联盟标准 T/CCIA001-2022《面向网络安全保险的风险评估指引》③。

三、我国网络安全保险承保范围的优化建议

(一)适当扩展可保范围,满足数字经济发展

1.提高网络恐怖主义事件的可保性

(1)国际上网络恐怖主义损失的承保现状

美国拥有全球最先进和最成熟的恐怖主义保险体系,其丰富的历史

---

① 数据来源:Encouraging Clarity in Cyber Insurance Coverage OECD 2020.
② 是由 ISO(国际标准化组织)和 IEC(国际电工委员会)制定的基于 ISO/IEC27001 信息安全管理体系(ISMS)的信息安全控制项的指南。
③ 2022 年 3 月 25 日,由中国网络安全产业联盟正式发布的,于 2022 年 5 月 1 日起正式实施。

第三章 大数据赋能我国网络安全保险承保范围的理论与优化路径

和经验不仅可以为我国在构建恐怖主义保险制度方面提供有价值的参考,还能协助我国在法律和政策方面做出更全面的调整,以支持和推动网络安全保险的进一步发展。

2001年"9·11"事件爆发后,美国的保险行业开始高度关注恐怖主义所带来的损失。这一事件导致美国的保险行业遭受了巨大的经济损失,使得美国的保险行业对恐怖主义的威胁有了深入的认识。美国的再保险公司为了对抗恐怖主义的威胁,选择了增加保费或将恐怖主义的风险视为例外。从另一个角度看,美国国会逐渐开始关注恐怖主义保险法案的出台。2002年11月,美国颁布了《恐怖主义风险保险法》(简称《法案》),目的是优化恐怖主义的保险制度,重新评估和调整保险条款,并强制保险公司赔偿因恐怖袭击导致的投保人损失。《法案》明确指出,恐怖主义所带来的风险会导致超过500万美元的经济损失。《法案》也明确指出,政府的最低损失补偿额度定为1000亿美元。美国针对恐怖主义的保险赔偿制度实施了超额赔偿的再保险策略,并将赔偿金额分为三个不同的级别(参见表3-3)。自从2002年美国发布了《恐怖主义风险保险法》后,该法案已经被推迟了三次,分别是2005年、2007年和2015年。多次的延期不仅确保了保险行业的承保能力得到增强,同时也为美国的各个行业提供了长久且稳定的保险保障。在网络安全保险的范畴内,对恐怖主义的强制性保险也是适用的。

表3-3 美国恐怖主义保险赔偿机制的三个层级

赔偿级别	风险事故承担主体	每次风险事故承担额度
第一级	直保公司	风险自留比例为20%(限额1.8亿美元)
第二级	政府与直保公司	共保超过直保公司1.8亿美元限额的损失,政府承保81%,保险公司承保19%,最大赔偿限额为1000亿美元
第三级	被保险人	超过共保1000亿美元的损失,被保险人无法获得赔偿

在1993年,英国政府创办了普尔再保险公司(Pool Re)。在英国劳合社的大力支持下,辛迪加承保部推出了一系列多样化的恐怖主义保险

产品,旨在满足各种市场需求,并为客户带来更多的选择机会。Pool Re 为英国的恐怖组织提供了一套全方位、国际化的、具有极高保障性的保险方案,其主要优点在于将保险公司、再保险公司和政府紧密地整合在一起,构建了一个全面的保险网络体系。恐怖主义保险的赔偿机制分为五个不同的层次,并选择了超出正常范围的赔偿方法(参见表 3-4)。很明显,恐怖主义一旦爆发,将给保险公司、再保公司以及政府带来巨大的经济打击。为了有效地应对这一问题,有必要构建一个多层次的赔偿机制,以便更好地预防和管理各种风险。目前,Pool Re 所提供的针对恐怖主义的再保险已经扩展至包括由网络恐怖主义引发的物理伤害,这一举措加速了英国在财产保险体系中纳入网络恐怖主义事件的步伐。

表 3-4 英国恐怖主义保险赔偿机制的五个层级

赔偿级别	风险事故承担主体	每次风险事故承担额度
第一级	直保公司	自留额 2.5 亿英镑(每年累计自留额为 4 亿英镑)
第二级	普尔再保险公司	在各家直保公司自留额的基础上,承担 5 亿英镑
第三级	国际再保险市场	超过 PoolRe 承担的 5 亿英镑限额及直保公司承担的 4 亿英镑限额的部分,最大赔偿限额为 21 亿英镑
第四级	普尔再保险公司	超过国际再保险市场承担的 21 亿英镑限额的损失,最大赔偿限额为 60 亿英镑
第五级	英国政府	超过普尔再保险公司 60 亿英镑限额后的所有损失

(2)提升我国网络恐怖主义事件的可保性

随着数字经济的快速发展,网络安全问题变得越来越频繁,这也导致了恐怖主义事件的急剧增加。随着对保险的需求持续增长,我们应该考虑将这一事件纳入网络安全保险的覆盖范围,或者提高该事件的保障水平,从而使网络安全保险更有效地支持数字经济的进步。

首先,我们需要高度重视恐怖主义风险的保险制度建设。美国的恐怖主义风险保险法为网络安全保险的法律框架建设提供了宝贵的参考依据。在网络信息系统遭受恐怖攻击并导致网络中断的情况下,这种灾难

第三章　大数据赋能我国网络安全保险承保范围的理论与优化路径

性的影响通常是非常严重的,有可能导致保险公司需要承担的赔偿金额远远超过其可承受的范围,从而导致其破产。我国在推进恐怖主义风险保险制度建设时,可以借鉴美国的经验,明确定义恐怖主义造成的损失数额,并构建一个多层次的网络恐怖主义风险分散体系。与此同时,我们应当深化国际的合作,并积极参与网络空间行为的国际规范的制定。

其次,高度重视政府在支持和促进方面的作用。为了确保网络恐怖主义保险得到有效执行,政府应与保险公司和被保险人携手合作。恐怖主义保险的核心思想是如何在保险公司、被保险者和政府之间公正地分配损失。在我国,网络安全保险的发展面临一个显著的阻碍,那就是保险提供者无法承受网络信息系统因恐怖袭击或重大安全事故所造成的损害。从英美的恐怖主义保险经验中,我们可以明确地认识到,即便在保险行业较为发达的国家,如果缺乏政府的援助,恐怖主义保险的执行依然会遭遇许多困难。网络恐怖主义保险被认为是一种独特的风险保险形式,它要求投保者充分认识到可能存在的巨大灾害风险,并愿意承担相应的保险费用。保险公司可以提供多种不同的险种,再保险公司可以根据投保者的需求提供合理的再保险服务,资本市场也可以为网络恐怖主义活动提供资金支持。在推动这些制度的执行过程中,政府起到了核心作用。

最后,增强承保方在风险量化方面的技术实力。为了更精确地预测和管理网络恐怖主义的风险,保险公司必须深入研究历史上的恐怖主义事件数据,并利用超概率损失曲线来分析可能出现的网络恐怖主义危机。此外,保险公司还应该持续监控网络恐怖主义的风险,预防逆向选择的风险,并结合道德风险等因素,有效地调整特定风险的预期损失。一旦发生了风险事故,还需要提供迅速的恢复措施。

2. 适当扩展损失成本类型

参考IBM《2022年数据泄露成本报告》对数据泄露成本的分类,将数据泄露成本划分为业务损失成本、检测和上报成本、通知成本和泄露后响应成本四类。首先,据该《报告》显示,检测和上报成本超过了业务损失成本,六年来第一次成为构成数据泄露成本的四个成本类别中占比最大的一个类别。检测和上报成本从2021年报告中的124万美元增长到2022年的144万美元,增加了20万美元,增幅为16.1%。为了确保数据安全,公司需要进行一系列的检测和上报活动,包括收集证据、进行调查、提供评估和审计服务、实施危机管理,并与高管和董事会进行有效沟通。目前,我国网络安全保险产品在检测和上报成本方面的承保范围大多局限于取证和调查活动费用、评估和审计服务费用,而危机管理以及与高管和董事会的沟通成本往往没有列明。为了更全面地保障企业损失成本费用,可适当将危机管理以及与高管和董事会的沟通成本列入承保范围。

其次,2022年的业务损失为142万美元,损失数额仅次于检测和上报成本。业务损失成本包括试图将客户流失、业务中断和收入损失降至最低的各类活动。根据威利斯(Willis)[①]对财富500强(Fortune500)企业的一项研究,企业最担心的是机密数据丢失(68%)、声誉受损(42%)、恶意行为(49%)和第三方责任(41%)。这一排名与玛希(Marsh)[②]对欧洲某企业进行的一项研究结果相吻合。因此,可用的网络风险保单可以解决最紧迫的需求。当前,我国因数据泄露等事件导致商誉受损及其进一步导致营业收入减少的损失极少包含在网络安全保险承保范围内,这是因为声誉损失难以估量,但这部分损失不可忽视。因此,保险公司应该继续完善声誉损失的评估方法,并将其列入承保范围内。

最后,2022年的通知成本为31万美元,较2021年增长了4万美元,虽然这部分损失不及另外三种成本高,但也呈现逐年递增趋势,预计未来仍会增加。在我国的网络安全保险体系中,这部分损失通常被视为一种可选的责任来进行保险覆盖。为了保障投保人的权益,保险公司应依据

---

① 数据来源:Willis(2013a) Willis Fortune 500 Cyber Disclosure Study, 2013, from blog.willis.com/downloads/c-yber-disclosure-fortune-500, accessed 16 December 2013.

② 数据来源:Marsh(2013) Cyber Risk Survey 2013, from www.allianz-fuer-cybersicherheit.de/ACS/DE/_down-loads/techniker/risikomanagement/partner/Partnerbeitrag_Marsh_Cyber-Risk_Survey.pdf?__blob=publicationFile,accesse-d 16 December 2013.

投保人的网络安全风险管理状况、第三方的责任性质以及可能出现的问题,适当地将其纳入保险覆盖范围内。

(二)进一步明确不可保损失/事件类型,减少理赔纠纷

本研究通过参考国际上网络事件罚款损失的承保现状和网络战争行为的承保案例,结合我国的国情基础,进一步明确不可保损失/事件类型,减少理赔争议。

1.进一步明确网络事件罚款损失不可保

(1)网络事件罚款损失的定义

网络事件罚款损失,是指企业遭受大规模数据泄露和违规事件后,受到监管部门的巨额罚单以及包括安全整改、停业整顿和吊销营业执照在内的严厉处罚。随着各国网络安全法规的不断健全,对网络安全事件的处罚愈加严厉。例如,2022年,某公司因涉嫌过度收集、滥用客户信息,并且违反《中华人民共和国网络安全法》《中华人民共和国数据安全法》《个人信息保护法》的规定,最终受到国家互联网信息办公室的处罚,金额高达80.26亿元。除了违反相关法规规定以外,多数企业因数据泄露事件,造成客户个人信息包括名称、社会保险号码、电话号码、地址和出生日期等暴露,而引起罚款损失。例如,2015年,美国个人管理办公室(OPM)披露遭遇一系列国家黑客组织攻击,导致了近2200万个人数据泄露,2022年7月,OPM为上述近十年前发生的数据泄露事件支付6300万美元的罚款。Meta也因泄露5.33亿用户数据,收到2.65亿欧元罚单。

(2)国际上网络事件罚款损失的承保现状

在一些领域,公共政策和法规直接影响到网络事件造成的损失是否可以通过保险(无论是作为独立的肯定性保险还是在另一个业务领域提供)进行补偿。[①] 对于违反股东、员工和/或消费者义务的行为,各种监管机构可能会处以罚款和处罚。保险条款、处罚行为性质、罚款机构和罚款类型会影响投保人是否因罚款而获得保险赔偿。

---

① 数据来源:Encouraging Clarity in Cyber Insurance Coverage OECD 2020.

OECD 审查了全球范围内共 35 份网安险保单的承保范围,其中 30 份保单都包含了部分罚款和处罚的承保范围(见表 3-5),大多数国家(除日本,可能由于保单样本量有限)都对部分罚款和处罚进行了承保。

表 3-5　OECD 审查的 35 份保单的罚款和处罚的承保情况[①]

国家或地区	覆盖罚款和处罚的保单数量(份)	未覆盖罚款和处罚的保单数量(份)
澳大利亚	7	1
加拿大	4	1
日本	0	1
荷兰	1	0
英国	3	1
美国	8	1
欧洲	2	0
其他国家或地区	5	0

资料来源:OECD 对公开网络安全保险保单的审查

但是,在所有经过审查的保险单里,罚款和处罚的覆盖范围都会受到特定条件的制约。监管罚款和处罚的保险覆盖范围会因司法管辖区的不同而有所变化,这也受到违规行为性质和罚款种类的影响。举例来说,在加拿大,经过仔细审查的保险单包括了由于监管活动(在某些特定情况下被称为"隐私监管行动")而产生的罚金和其他处罚,这些可以根据相关法律进行投保。根据美国的"隐私监管罚款"和"监管行为"条款,当发生民事或刑事罚款或处罚时,保险公司有责任承担相应的赔偿,以确保受害者的合法权益得到充分的保护。澳大利亚的保险公司所提供的保险单将接受严格的审查,以确保其赔偿金额不会超过"可保"或"适用法律规定的可保"所规定的最高限额。这两份保险合同都不涉及任何民事或刑事的处罚措施,甚至在特定的情况下,监管机构也不会对其进行处罚。尽管众多的保险合同可能会面临"监管"下的罚款和处罚,但仍有部分保险合同对数据和隐私的保护更为严格。在英国的法律体系中,保险公司仅被允许承担由政府机构(包括欧盟机构)施加的民事或监管罚款和处罚,以及由

---

① 数据来源:Encouraging Clarity in Cyber Insurance Coverage OECD 2020.

第三章　大数据赋能我国网络安全保险承保范围的理论与优化路径

政府、监管机构、执法机构或法定机构进行的调查产生的罚款和处罚,而这些罚款和处罚是保险公司可以接受的。对于在欧洲各地提交并经过严格审查的政策,赔偿措施仅限于由政府或公共机构所施加的罚金和惩罚。然而,在奥地利、丹麦、法国、意大利、卢森堡、葡萄牙、俄罗斯、瑞士等国家,所有监管罚款和处罚(无论是刑事罚款还是行政罚款)都不可投保,因为立法或现有判例认定此类保险不合法或违反公共秩序。[1]

(3)我国网络事件罚款损失不可保的理由

本书主张,保险公司在面对网络事件导致的罚款损失时,不应提供承保服务,主要的考量因素包括:首先是与保险相关的法律规定,其次是公共政策的约定,特别是保险监管的信誉和社会的道德规范。

从与保险有关的立法视角来看,我国的《中华人民共和国保险法》并没有对责任保险中的罚款损失作出明确的条文规定。在2020年12月,中国银保监会正式公布了《责任保险业务监管办法》,其中明确指出,保险公司不应施加任何刑事或行政处罚,以确保投保人权益得到保障。对于罚款造成的损失,已经制定了强制性的保护条款。

从公共政策的视角来看,由网络事件引发的罚金损失不应当得到补偿。首先,那些故意或恶意损坏网络系统并导致网络事件的行为,应当受到行政处罚或被罚款。如果罚款可以得到保险公司的补偿,那么这将大大削弱惩罚的威慑力,不利于提升投保人遵守法律的意识,也不利于推动社会文明的进步。这两者有可能给其他的投保者带来无法计量的损害。投保人支付的保险费用构成了一个保险基金,该基金将用于未来的赔偿支出。然而,罚款通常是由不合理的行为导致的。如果保险公司对某一投保人的罚款损失进行赔偿,那么这就相当于用其他投保人的保费来赔偿一个不合理的行为,这样做不利于保护其他投保人的利益。

---

[1] 数据来源:Aon and DLA Piper (2018), The price of data security: A guide to the insurability of GDPR fines across Europe, Aon and DLA Piper, http://www.aon.com/attachments/risk-services/Aon_DLA-Piper-GDPR-Fines-Guide_Final_May2018.pdf.

2.进一步明确网络战争行为事件不可保

(1)网络战争的定义

网络战争的明确定义可以基于以下三项标准来判定。首先,网络战争行为的判定是基于攻击者的身份、所攻击的具体内容、所采取的攻击手段以及所带来的后果来决定的。网络战争,就像其他种类的战争,其定义往往与国与国之间的纷争有关。通常,当个人黑客或黑客团队发起攻击时,这种行为并不被视为网络战争,除非他们得到了国家的援助和建议。比如说,来自敌对国家的网络犯罪集团在进行诈骗活动时,如果不小心破坏了银行系统,通常也不会被视为网络战争行为。然而,如果他们得到了自己国家政府的援助和引导,目的是破坏敌对国家的经济体系,那么他们很可能会被视为网络战争的参与者。其次,网络战争的判定是基于被攻击目标的具体性质和规模来决定的。破坏敌对国家的网站与使敌对国家空军基地的导弹防御系统失效在本质上是截然不同的,后者更多的是一种网络战争行为。最后,网络战争行为的判定还受到所使用攻击武器的影响。数字对计算机系统的攻击通常被视为网络战争,但在数据中心发射的导弹并不被视为网络战争的一部分。因此,在判断一次网络攻击是否构成战争行为时,需要综合考虑三个方面的因素来共同作出判断。

(2)国际上网络战争行为事件的承保现状

我们可以观察到,网络所带来的风险远超过我们之前的认知,它具有更大的"累积"可能性,即一个或多个相关事件在多个保险合同中所造成的损失。风险转移,特别是通过保险手段,对网络安全风险的影响与公司所面临的其他多种运营风险是不同的——这主要是由于网络攻击的归因问题、风险级别的不确定性,以及IT基础设施的迅速变化所导致的。因此,网络安全保险与传统的财产保险有很大的区别,传统的保险方法不能提供足够的覆盖范围和风险转移,以应对网络威胁。

现阶段,网络安全保险保单在处理由国家支持的网络事件时表现出明显的模糊性。尽管新兴的网络安全保险市场尚未完全成熟,但其重要性可能会逐渐增加,因为企业在寻找网络风险管理的传统保险方案时,很难完全覆盖网络相关的风险。另外,未来还会有类似于 NotPetya 的网络攻击事件,这种网络攻击在传统上是不能被投保的,因此,保险公司需要进一步明确网络战争的例外条款。在这个索赔案例的基础上,某些国家对传统财产保险保单中的战争除外条款进行了更为详细的规定。以英国为例,伦敦劳埃德银行(Lloyds of London)在 2021 年 11 月推出了新的规定,将战争行为的排除范围扩展至"在战争定义中未被排除的国家间的网络活动、网络战争或对国家产生重大负面影响的网络活动",以减少战争风险的争议。

(3)我国网络战争行为事件不可保的理由

网络空间仍然是保险业所面对的最大的系统性风险,这与国际战争和冲突有关。在过去,传统的保险合同通常不对传统的战争行为进行赔偿,但随着数字化技术的进步,战争行为已经超越了仅仅是可见的武器和装备,还涉及难以察觉的网络攻击。因此,如果我们想要持续地将战争行为视为一个例外,那么必须明确指出,战争行为中应当涵盖网络攻击这一方面。正如 Woods D. W. Weinkle J. 所强调的,为了防止受到国家资助的大规模网络攻击,同时避免对多个投保公司造成损害,保险公司越来越频繁地在其保险合同中加入网络战争风险的排除条款,这包括网络安全保险和带有网络附加条款的传统保险。

因此,把网络战争行为纳入网络安全保险的责任范围已经成为一种不可逆转的趋势。这主要是因为网络战争所带来的风险极为严重,一旦发生大规模的网络攻击,保险公司将面对巨大的经济损失。如果把网络战争的风险纳入保险责任范围,当保险公司面临巨大的经济损失时,它们将无法承担赔偿责任,最后只能由政府承担,这无疑会增加政府的经济负担。其次,由于数据保密性等因素的影响,保险公司在风险建模和评估方面的能力受到了进一步的限制,这一问题迫切需要解决,并且网络战争风险的精确定价尚未实现。第三个问题是网络攻击的归因尚未得到解决,目前还没有明确的规则或先例来指导保险公司如何以及何时将网络攻击归咎于一个国家与另一个国家之间的武装冲突。鉴于上面提到的三大问题,网络战争的风险保障机制还未完全健全。因此,只有当上述的三大难题得到解决,我们才能真正增强网络战争的风险防护能力。

(三)平衡承保范围组合,保障保险人经营效益

考虑到网络安全保险所具有的复杂和多方面的特性,它的保险覆盖范围实际上是保险责任与安全服务的综合体现。为了确保其保险覆盖的结构均衡,我们需要调整保险的责任结构,并加大对网络安全服务的支持力度。

1. 优化保险责任组合

正如之前提到的,网络风险损失的构成已经经历了显著的变革,因此网络安全保险的责任也需要作出适当的调整。在扩大保险覆盖范围的基础上,保险公司有能力优化其保险责任的组合结构。鉴于网络风险可能带来的隐患,大型公司或许会倾向于购买保费更高的保险,但这同样为保险公司带来了更多的考验。因此,保险公司可以将焦点集中在中小型企业(SME)上,将网络安全保险视为一种特别的服务,以帮助它们扩大客户群、降低经营风险,从而提高整体的经济效益。从另一个角度看,被保险者所在的行业也成了关注的焦点。例如,那些掌握大量信息的行业更容易成为网络勒索软件的目标,这些行业包括科技、制造业和医疗卫生。因此,在这些领域中,对于网络勒索软件的赎金损失的保护需求显得尤为迫切。面对这种情况,保险公司可以根据其所在行业的实际情况、网络的安全状态、历史上遭受的网络攻击以及所需的保障措施等因素,来合理地分配保险责任,并研发和推出以网络勒索软件赎金损失为核心的特殊网络安全保险产品,以满足行业的各种需求。与此同时,有可能适度提高保险费用,并对保单的上限进行严格监管。

2. 重视安全支持服务

在我国推动数字中国的建设过程中,传统行业和中小型企业加速了数字化转型,这越来越依赖于互联网技术的支持,从而使得各个行业面临网络攻击的风险迅速增加。依据国家互联网中心最近发布的数据,全球范围内的网络攻击事件中,中国占据了三分之一的比例。作为互联网强

国的我国,其网络安全保险的保障工作迫切需要进一步加强。在2016年的初期,众安保险公司首次将数字安全纳入其网络安全保险产品的核心服务范畴,但这一服务仅限于阿里云等特定领域,因此其服务范围还需要进一步拓展。不久之后,国内众多的保险公司纷纷推出了这类产品,其中包括了中国平安财险公司、中国人保财险公司以及中国华泰财险公司。然而,这类产品的种类过于简单,其保障措施与独立的网络安全保险存在很大的差异。为了应对这种情况,保险产品需要持续增加其安全服务的占比。网络安全保险通常在事故发生之后,除了提供赔偿之外,还需要提供其他形式的支持服务,这与传统财险的被动特性有着显著的不同。在网络安全保险领域,保险公司应当主动与安全科技公司合作,充分利用各自的优势,形成并构建一个"事前评估(预防和检测)+事中控制(监测和控制)+事后服务(安全服务和理赔)"的完整流程。另外,如果保险公司具备相应的能力,他们还可以为被保险者提供企业员工的网络安全意识培训等相关服务。

(四)统一规范保单语言,促进承保内容标准化

保险公司有责任确保网络安全保险合同中的用词明确无误,没有任何模糊或不明确的地方。就像网络防御者一样,保险公司也在与网络攻击者进行对抗,因此,网络安全保险的覆盖范围需要根据攻击方式和当前局势的变化进行相应的更新。保险的覆盖范围可以根据风险资产的种类、需要覆盖的程度、风险的到达方式,或者三者的某种组合来确定,以满足不同的保险需求。举例来说,在英国,银行审慎监管局发布了一篇监管声明,详细描述了他们对网络安全保险承保风险管理的预期。监管声明除了其他预期之外,还建议保险公司应该为网络风险提供明确的保护措施,或者采用有力的措辞来排除这些风险。为了更有效地避免网络风险的出现,监管机构需要加强对保险公司的规范管理,这包括统一保险的范围、例外条款,以及对因保单语言不清晰而引发的索赔纠纷进行有力的监督。同时,监管当局需要认识到,任何形式的强制或标准化都有可能抑制保险领域内的创新活动。如果在短时间内没有达到完全的整合,政府应

当推动行业协会制定标准化的语言供人们自主选择。

(五)严格区分传统风险和网络风险,最大限度规避沉默风险

为了在保险市场中实现平衡,保险公司必须确保在不损害其盈利或偿付能力的前提下,为被保险者提供一个具有足够价值的管理范围。网络攻击者正在积极地构建新的攻击方案,因此保险公司需要专注于识别不同类型的网络风险,并相应地更新其应对策略,以适应不断演变的威胁状况。如今,全球保险行业对网络安全保险中的沉默风险问题给予了越来越高的关注。

由于沉默风险或不明确的保障措施可能导致不确定性和潜在的理赔纠纷,保险公司应当实施相应的措施来规避这种沉默风险。首先,保险公司有责任明确网络风险与传统风险之间的差异,并对传统保险产品中累积的沉默风险敞口进行特别关注,以谨慎地评估网络安全沉默风险对损失的严重性和发生频率的潜在影响。其次,为了最大程度地降低沉默风险的影响,保险公司需要采用详尽且明确的措辞,并确保这种覆盖是切实可行的。最后,保险公司必须高度重视数字化和新技术可能增加的网络安全沉默风险,并在保险合同中明确风险的具体归属,明确哪些预期风险应被归因于攻击,以及如何进行归因。

第三节　数字经济时代我国网络安全保险承保范围优化的保障措施

一、对政府监管部门与行业管理的政策建议

(一)完善法律规范和标准体系,引导行业规范化发展

随着我国网络安全保险的较晚起步和较短的发展历程,其中一个显著的问题是法律规范和标准体系的缺失。与欧美发达市场相比,我国在市场结构、网络环境和空间管理方面存在明显的差异。为了更好地规范

第三章　大数据赋能我国网络安全保险承保范围的理论与优化路径

我国的网络安全保险发展,并满足数字经济时代的网络安全需求,我们应该在参考欧美发达国家的规范体系基础上,根据我国的实际情况制定合适的网络安全保险规范体系。

从国家的角度看,首先,我们应当逐渐对《中华人民共和国保险法》进行修订,确保网络安全保险的风险评估、执行流程、核心理念以及权利和责任的归属都被纳入其中,这样可以确保保险的承保过程有明确的法律依据,从而更好地保护投保人的权益。其次,尽管我国已经发布了《中华人民共和国网络安全法》和其他与网络安全保险有关的法律,但这些法律的强制执行力仍然不足。一是企业有权被强制购买涵盖高频率攻击和损失基础的保险产品,对于涉及国家机密数据的情况也应被强制购买。二是如果网络攻击与第三方有关联,并导致其遭受损失,那么企业有责任进行赔偿,否则将会面临严格的处罚。三是相关机构还需要出台相应的策略,以推动网络安全保险产品向规范化方向发展。比如说,保险监管机构有权对产品进行备案管理,并对保单的措辞实施严格的监督。四是随着网络攻击技术的不断进步和复杂化,由网络攻击引发的风险损失表现出明显的跨国特点。仅仅依赖一个国家内部的法律体系是不足够的,因此有必要加强国际的合作,以共同构建一个有效的法律框架。

从行业的角度来看,我们应该不断加强"保险＋服务＋科技"的三位一体新生态,加速构建与网络安全保险承保相关的标准体系,统一风险评估标准,明确风险分级标准和事件应急处理的技术标准,以形成保险承保过程、风险控制、理赔服务等核心环节的一系列规范化标准。尤其是对于保险承保前的风险评估、承保过程中的风险管理、网络事故发生后的紧急处理服务以及保险理赔,都有明确的要求,以确保企业的基础数字化能力得到有效保障。与此同时,保险监管部门和相关机构应当对数字经济的快速变化做出及时的响应,强化自身的创新能力,并持续更新监管政策,以便更有效地服务于实体经济[①]。伍兹(Woods D.)and 辛普森(Simpson

---

① 唐金成,张淋.数字经济时代中国保险监管创新研究[J].当代金融研究,2022(7):70—79.

A.)强烈建议政策制定者"通过法律手段来设定最基本的标准,同时保险公司也应根据不断变化的威胁状况提供附加的指导方针",这一建议是合理的。在产品的设计过程中,我们需要明确网络安全保险的专业定义、不同的险种和潜在的风险,并构建一个全面的产品结构,以帮助保险公司更有效地开展其业务活动;为确保网络的安全性,有必要建立一个统一的风险评估准则,并在整个行业中构建一个横向与纵向的风险等级体系。除了需要建立一套全面的标准来管理风险、应对突发事件和追踪信息来源外,还必须制定一套严格的流程规范,以更清晰地界定保险保障和安全服务的权限,并明确所有参与者的职责、义务和执行步骤,从而为中国的网络安全建立一个统一而有效的框架。

(二)联合行业打造风险数据库,提升网络风险定价能力

缺乏足够的近期损失数据通常被认为是开发和定价网络保险产品的最大问题。数据是网络安全保险的要素,政府保障部门可以推动行业范围内的数据共享平台建设(Sharing and Analysis Center,金融服务信息共享和分析中心[①])。与单一保险公司创建的独立数据库相比,联合数据库提供了更全面和更少偏见的信息,因此能够为保险公司提供更丰富的数据资源,以便它们能更迅速地适应市场变化,进而协助保险公司构建更为高效的网络风险精算模型,并增强其网络风险定价的能力。

尽管保险公司愿意接受将整个行业的事故报告整合到一个数据库中将是一个巨大的优势资产,但他们也对可能出现的"搭便车"问题表示担忧。有些保险公司在网络专业知识和数据库的开发上投入了几百万美金,而其他一些保险公司几乎没有花费一分钱。因此,在没有相关政府部门的积极推动下,该行业不大可能达成共识,以建立一个共享数据的平台。《通用数据保护条例》(GDPR)提供了令人信服的证据,证明监管部门可以更全面地了解网络安全事件:在英国,信息专员办公室于2019年5月发布的报告统计了过去12个月的1.4万份个人数据泄露报告,而前

---

① 数据来源:https://www.fsisac.com/.

第三章 大数据赋能我国网络安全保险承保范围的理论与优化路径

一年只有 3300 份(ICO 2019,12[①])。爱尔兰的此类报告也增加了 70%(DPC 2019[②])。鉴于这些数据,有理由认为,只有立法压力才能说服公司定期并全面披露恶意软件事件相关数据。

具体地,收集风险数据的方法便是将其附加到具体的法律条文中。如 GDPR 规定公司必须在 72 小时内向其国家监管机构报告数据泄露。然后,国家数据保护监管机构可以跟进这些报告,并正式询问是否就报告的事件提出了保险索赔,以及赔偿了多少。不涉及数据泄露通知的索赔将被遗漏,但数据可以独立于保险业重新整合。然后,每个国家的监管机构都可以收集并匿名化这些数据,然后将其提交给欧盟。为了让它发挥作用,所有监管机构都必须使用相同的表格形式,就像欧洲保险公司基于 GDPR 开发的示范报告表格形式一样。[③] 欧盟层面的保险索赔和赔付公共数据库对保险商来说是一笔真正的资产,可以由 EIOPA(欧盟保险监督机构)和 ENISA(欧盟网络安全机构)联合管理,EIOPA 运行数据库,ENISA 提供数据解释和定期汇总报告,突出显示最新的恶意软件趋势。同样,任何其他国家都可以以合理的成本建立这样一个数据库,并取得类似结果。许多国家已经建立共享数据机制,例如,美国通过立法和协议推动信息和数据共享,现已建立信息共享中心(ISAC);法国为实时观测和预测网络风险数据,建立了风险观测站;英国也成立了网络信息安全组织,以交换网络威胁信息。[④]

为了确保公司的网络安全,政府相关部门应当走在前列,将网络安全

[①] 数据来源:ICO (Information Commissioner's Office, UK). 2019. GDPR: One Year On. https://ico. org. uk/media/about－the－ico/documents/2614992/gdpr－one－year－on－20190530. pdf.

[②] 数据来源:DPC (Data Protection Commission (Ireland)). 2019. Annual Report Covering the Period 25 May to 31December 2018. https://www. ics. ie/news/DPC_Annual_Report_2019.

[③] 数据来源:https://www. insuranceeurope. eu/template－data－breach－notifications.

[④] 数据来源:Enhancing the role of insurance in cyber risk management[R]. OECD,2017.

保险纳入其整体的安全体系中,并通过法律手段强制规定数据要素的流动性,这样保险提供者就能获取更为精确的信息,进而更有效地进行风险评估。更明确地说,在保险领域,政府应当推动保险公司与网络技术公司合作,创建一个与传统保险数据不同的网络风险数据库,并对其实施严格的监控。在处理赔偿事宜时,政府相关部门应当促进建立一个匿名的网络事故赔偿数据共享系统。在确保企业隐私安全的基础上,我们也积累了大量的索赔信息,以解决数据孤岛的问题。另外,为了分析和应对具有战争性质的网络攻击,政府相关部门可以建立专门的数据库,以收集网络战争漏洞的数据。

(三)建立再保险和政府补贴机制,共同抵抗网络巨灾风险

网络安全保险是基于整个社会网络系统的,它既具有公共服务的属性,同时也依赖于独立的信息系统,并具有私人服务的属性[①]。由于网络风险具有高度的关联性,事故发生往往会带来巨额的经济损失,而保险公司的承保能力不足和再保险的缺失则是阻碍这类保险产品进一步发展的主要障碍。在确保网络空间的安全性方面,政府起到了至关重要的作用,他们不仅有责任,而且具备能力协助保险公司构建分散的再保险体系,以降低网络的巨大灾害风险。随着时间的推移,保险公司对再保险的依赖日益增强,以管理其风险和资金,特别是在2018年,网络安全保险的增长主要得益于再保险的推动。

首先,政府应当与再保险公司建立紧密的合作关系,以共同努力减少潜在的风险。参照美国"政府分阶段补贴巨灾保险"的相关条款,政府有责任逐渐减少各种补贴,并应与再保险公司携手合作,以构建一个全面而健全的再保险制度,确保在该制度达到成熟阶段后能实现有效的退出。

其次,政府有权主导创建网络风险基金,或者采用网络风险证券化的手段,将潜在风险转移到资本市场上。新设立的资金池能够协助保险公

---

① GROSSKLAGS I, CHRISTIN N, CHUANG J. Secure or insure? A game-theoretic analysis of information security games[C]//Proceedings of the 17th international conference on World Wide Web, 2008:209-218.

司更为有效地控制风险,并为他们提供更大的缓冲,以确保更多的网络安全保障。在最近的几年中,尽管有更多的保险公司选择将其业务转向再保险公司,但随着损失的增加和加剧,很多再保险公司也变得更为审慎。现阶段,再保险公司已经为保险公司提供了充分的支援,以保持网络安全保险市场的稳定,但这还不足以推动其进一步发展。再保险领域正致力于为网络安全保险在当前的风险环境中提供支持,其中包括证券关联性保险(ILS)。ILS的初步策略是通过提供所称的转分保或再保险的再保险,为再保险公司注入更多的资金,从而助力该行业的持续增长。

最后,目前勒索软件的问题已经变得越来越严重,到2021年6月为止,与2020年相比,勒索软件的攻击数量增加了超过150%。要解决这个问题,我们不只是需要保险,仅依赖证券关联型保险是不足以挽救网络安全保险市场的。基于政府的承诺,如果存在未完全解决的风险,被保险者只能选择自行承担或寻求社会援助。

(四)引导需求侧主体积极使用网络安全保险兜底网络风险

首先是建立一个"强制性、补助性、激励性"的政策体系,以便给予全方位的支持。为确保中小企业网络的安全性,政府相关部门需要实施两手并用的策略,即结合强制性保险和自愿性保险,并增强责任保险的实施力度;为了激励中小企业加入网络安全保险,政府可以考虑实施税收减免和提供各种补助措施。为了激发消费者的参与意愿,保险公司也有可能实施一系列相关的激励措施,例如提供各种形式的奖励或财政补助。

其次,我们正在进行网络安全保险的试点项目。为了更有效地确保网络的安全性,我们应当优先选择那些技术先进、安全性较高的区域和行业。在这些地方和行业中,我们应该开展网络安全保险服务的试点项目,目的是找到更实用的解决方案,积累更多的赔偿经验,并最终构建一个全国范围内可推广的完善的网络安全保险服务体系。

最后,大量的资源被集中用于网络安全保险服务的宣传和推广,目的是提升用户满意度。借助全国范围内的安全教育日、保险公众宣传日以及网络安全宣传周等多种宣传活动,通过组织各种形式的展览、会议、论坛和沙龙,向大众普及网络安全保险的相关知识,并详细介绍其承保范围、实际案例和作用。这样做旨在提高消费者对网络安全保险的认识,并激发市场对网络安全保险的更高需求。

二、强化保险供给主体承保能力的改进策略

(一)强化产业合作,提高产品和支持服务供给能力

随着产品和支援服务的供应能力增强,这也反映在风险的量化以及风险的转移能力上。为了共同增强风险的量化和转移能力,保险公司应当深化与外部行业的合作关系。关于风险的量化研究。为了最大限度地利用有限的专家资源来应对可能影响多个业务线的风险,网络模型的设计和实施必须非常细致,尤其是在公司更加依赖遗留系统或人工操作的情况下。因此,在进行风险量化的过程中,保险公司应当加强与网络安全公司、专门的网络安全评估机构以及应急服务机构的合作关系。通过共同整合网络安全风险、承保和核保理赔的相关数据,建立数据共享机制,并提供必要的数据支持,可以有效地解决风险量化和损失衡量的难题。通过更深入的数据分析,我们可以明确特定索赔的原因,并找出降低风险的最有效方法。网络安全保险公司也有机会与其他有关利益方合作,通过数据分析来重构网络风险评估模型,以减少被保险者对网络风险模型的误解。慕尼黑再保险公司已经组建了一个专业团队,目的是优化数据分析和风险的量化评估。我们对这些计算参数进行了更新,以便更好地反映风险的变化和监测数据,并为风险敞口、风险评估、保费的计算以及可能的最大损失提供了深入的估计。

关于风险的转移策略。保险公司有能力通过再保险的手段,将其承保的风险按照特定的比例转嫁给再保险公司,从而增强风险转移的能力。只有加强保险公司与再保险公司之间的交流与合作,保险公司才有可能提供更高质量的产品和更多的支持服务,从而扩大其保险覆盖范围。2021年底,如中再产险发布了其行业内首个《我国网络安全保险发展蓝皮书》。在这份《蓝皮书》中,如中再产险创新性地提出了一个包含"保前

第三章　大数据赋能我国网络安全保险承保范围的理论与优化路径

诊断、保前治疗、保中服务、保中监控、保后救援、保后赔偿"六个步骤的网络安全保险新模式和相应的生态系统,从而实现了网络安全风险的完整管理。这代表了再保险公司的热情回应。保险公司也应当周期性地重新评估其风险转移策略,以便更深入地理解风险,并决定是否需要对风险转移计划进行修订,或者是将大量的风险转移到资本市场上。

(二)深入了解市场需求,创新研发多元化险种

我国网络安全保险的长期发展面临着保险产品研发创新的重大挑战。为了更有效地满足市场需求,保险公司应当推出各式各样的网络安全保险产品,以适应不同行业、不同规模和不同性质的企业。目前,国外的发达市场在网络安全保险产品的创新方面已经走在了我们的前列。为了在数字经济时代的激烈市场竞争中脱颖而出,并获得更多的竞争机会,我国需要保险公司的全力支持,以开发出具有极高竞争力的保险产品。

首先,鉴于我国中小型企业的规模相对较小、资金能力有限以及对网络风险的认识不足,它们在网络安全方面的投资相对较少。这导致了它们在网络安全防护上的措施受限,使得为其定制的保险产品变得更为困难。面对这种情况,保险公司有可能与第三方技术机构紧密协作,依据政府的政策导向,深入了解中小企业的实际需求,加速创新进程,并共同开发"普惠型"保险产品,以填补这一领域的技术空白。一是"普惠型"产品的价格应当是大多数中小企业所能负担得起的。二是保险单的覆盖范围应当涵盖各种基础攻击和支持服务,包括但不限于恶意软件、网络篡改等,以及基础的紧急响应和损失评估服务。三是关于保单的种类和可保风险的专业术语定义应该是简单明了的,以避免产生任何争议。

其次,在数字经济持续壮大和现代企业制度逐渐成熟的背景下,社会各行业的细分越来越深入,导致各个行业在安全需求方面存在巨大的差异。在这样的大背景之下,保险公司有机会与那些与国家经济和民众生活息息相关的关键行业进行合作。借助网络安全科技公司的技术专长,他们可以进行深度的市场调查,并根据各个行业的独特性质和需求,针对这些关键行业普遍存在的网络风险,开发出更为精细、多样化和差异化的

网络安全保险解决方案。

最后,保险公司有机会与第三方机构携手合作,共同构建网络安全保险的解决方案。通过采用"标准产品＋定制解决方案"的组合方式,可以构建一个多层次的网络安全保险产品体系,从而实现双方的共赢局面。

(三)强化科技赋能,打造保险新模式

随着人工智能、机器/深度学习以及物联网(IoT)等先进技术的逐渐完善,预计它们将对该行业产生深远的影响。技术实力在为客户提供卓越的保险和赔偿体验、增强运营效益、优化客户体验以及在产品研发中起到了关键作用。从高层管理人员开始,对现有技术工具的熟悉度和熟练运用将逐渐成为一项日益重要的能力。近期,全球保险行业标准制定机构ACORD发布了一份关于保险行业未来发展的全面调查报告。报告结果揭示,有52%的参与者预测,到2040年,技术将变成高级管理人员最核心的能力和竞争力。2022年11月,工信部发布了《关于促进网络安全保险规范健康发展的意见(征求意见稿)》,旨在建立一个完整的政策标准体系,促进产品和服务的创新,利用先进的网络安全技术来支持保险行业的发展,激发网络安全产业的活力,并为网络安全保险的发展创造一个良好的生态环境。

随着科技进步的加速,保险公司和网络安全企业有能力通过推出更先进的产品和服务来塑造网络安全保险的新业态,从而有效地解决行业发展过程中遇到的瓶颈问题。立足于创新思维,对未来的风险走向进行预测,科技将为网络安全保险注入强大的后盾,助力其探索创新的商业策略。保险公司有能力运用最前沿的人工智能和云原生技术,将网络安全保险、风险管理和安全响应服务有机地融合在一起,从而实现保险、承保、理赔等多个环节的高效衔接,进一步提高企业网络安全的整体水平。众安科技公司在网络安全保险领域的科技赋能方面取得了显著的成就。其创新的"保险＋科技＋安全"模式能够帮助企业实现更全面的安全保护,进而实现自我监控、自我审查、自我维护和自我发展。尤其在保险的承保过程中,该方法利用数字孪生技术,通过模拟数据流来预测和评估投保企业可能面临的风险情境,从而预测未来的安全风险,为网络安全保险服务的全面方案提供了优化的支持。

(四)完善人才培养机制,培养高素质保险人才

对于保险公司来说,员工的专业技能和业务能力构成了其长期运营的核心要素。如果保险公司希望在网络安全保险领域持续发展,那么他们必须高度重视人才的培训,特别是那些在网络安全保险承保过程中涉及风险评估和技术的专家。一方面,保险公司有能力为其员工提供多种形式的长期培训课程,旨在为网络安全保险行业培育出多才多艺的专业人才。这些人才不仅精通现代保险和网络安全的理论知识,还具备解决各种技术和业务问题的能力。从另一个角度看,保险公司应当始终与国际形势保持同步,深入了解国际上的保险人才培训策略,对公司的培训内容进行持续的更新和优化,努力构建保险公司的培训体系,确保培训能够有效地执行。另外,保险公司有可能与重点大学和科技企业合作,以构建一个产、学、研一体化的合作体系,并共同培养具有高度精算技能的高级人才,从而为保险公司在市场拓展方面提供有力的决策支持。慕尼黑再保险与科技公司携手合作,成功培训了超过100名接受过专业培训的网络风险核保人,并在承保流程中进一步增强了他们评估风险和提供服务的能力。

三、提升保险需求主体网络风险保障能力的措施

为了保障公司的网络安全,我们应当尽快为员工提供安全意识的培训,并强化组织内部的管理流程,利用尖端技术来提高他们的防护水平。

第一,为了保障企业数据的安全性,企业必须定期开展网络安全的培训活动,强化员工对数据保护的认识和意识,严格禁止任何形式的信息泄露或非法传播。同时,企业还要求所有关键账户(包括内部邮箱和系统权限)都必须设置独立密码,并且要谨慎地浏览来自未知来源的短信、邮件和网站。一旦发现任何问题,应立即向安全部门报告,以避免可能对企业造成的损失。第二,企业有必要构建一个全面的技术防护机制,以确保所

有敏感和关键信息都能得到妥善的保护和完整性维护。第三,为了最大程度地减少现有安全漏洞对系统造成的潜在风险,企业应当及时进行系统和软件的升级。尽可能地从官方网站和合法的软件出版商那里获取有价值的资源。第四,要小心地接入公共网络。在利用公共网络的过程中,为了维护个人的隐私权益,建议尽量避免访问敏感的数据和私密资料。当需要传递关键信息时,一定要小心操作,并尽可能采用高密度的加密手段来传输数据。第五,我们需要深入分析网络安全的潜在缺陷和风险,进一步完善网络安全策略,并关闭那些风险较高的网络连接。第六,我们在网络防护的关键节点上增设了网络安全设备,并部署了相应的安全防护系统。我们还组织了信息系统技术的检测活动,针对检测到的安全隐患,我们制订了针对性的整改计划,旨在全方位提高网络的安全防护能力,确保日常业务的稳定运行。

第四章 大数据赋能人身保险精准营销的演进与发展策略

第一节 保险公司精准营销概述

一、精准营销概念界定

精准营销的核心在于"精准"与"精确"。在《说文》这本书中,"精,择也",原本指的是上等的大米,但随着时间的推移,它也被解释为经过精心的提炼或选择高质量的物品,或者是对某项技术有着深厚的熟练度。在《说文》这本书中,"准"即是"準",其原始含义是指目标保持不变,"準"意为"平"。古代用于测定倾斜度的水平仪中,"指针凝固在零度位置"的意思是指指针保持在中心位置,没有任何偏差,这后来被解释为方向和方向都是明确无误的。将"精准"这两个字融合在一起,意味着能够准确无误地确定目标。在大数据的背景下,保险营销需要充分运用互联网、云计算和物联网技术来分析大数据,精准地定位细分市场和企业,以确保产品能够充分满足消费者的需求。企业依赖先进的信息科技手段,构建了业务的互联互通平台,并为客户建立了一个有效的沟通和服务交互体系。从战略角度看,我们的目标更为明确和精确;在产品设计方面,我们更加关心用户需求;在价格方面,我们追求更高的价值和更亲民的价格;在服务质量上,我们追求更高的标准;在与客户的渠道沟通上,我们追求更流畅和高效;在分析、决策和响应上,我们追求更快的响应速度;而在经济效益上,我们追求更客观的评价。

在大数据时代,精准营销阐述了保险营销的核心理念、深层次的含义以及其所需的标准。

(1)打破了传统的、以消费者为中心的被动营销模式,现在更多地关注细分市场和满足客户的个性化需求。

(2)通过采纳尖端的科技和数据库技术,并结合互联网、现代通信工具和专业软件工具,我们能够对大数据进行实时的分析,并与市场和客户建立有效的互动关系。

(3)为了确保公司与客户之间的高效沟通,我们需要改变我们的营销观念和方式,调整传播路径和沟通策略,同时满足客户的个性化需求和提供定制化的服务。

二、大数据背景下的精准营销

(一)构成要素

1. 市场定位

在营销学领域,4P组合理论构成了保险营销的核心基石。在企业的营销策略中,最根本的营销元素始终是不可或缺的。

第一要提及的是企业的产品(product)。这个产品具体是什么呢?这构成了商业的基石,意味着公司具备提供高品质商品或服务的能力,以满足特定客户的需求。

第二是如何确定价格(price)。价格不仅是商品价值的具体表现,也是价值以货币形式呈现的方式,它既要体现产品的质量,也要反映市场的购买能力。在实际操作中,价格可能会与其实际价值有所偏差,但从长远或整体角度看,价格主要是基于价值进行上下浮动的。因此,在确定价格时,我们需要全面考虑产品的市场需求、不同的发展阶段以及消费者的购买能力,以确保价格的精确性。

第三是渠道(place)。简而言之,商品的流通路径在保险公司中是一个核心概念。在保险销售网络或产品的流通路径中,渠道起到了关键作用。它的核心目标是建立保险产品与消费者之间的紧密联系,确保保险产品或服务能够准确地在时间、地点和形式上传递给有需求的消费者。

保险的主要销售途径包括直接销售、银行邮件、后勤支持以及日常运营等。在现代保险销售渠道的发展方向中,我们可以观察到结构逐渐变得更为扁平,对终端市场的建设和全面的渠道支持以及多样化的经营模式给予了更多的重视。与此同时,中间商的角色逐渐被摒弃,转而由保险公司直接负责终端的分销活动。我们致力于为客户带来便捷,同时也减少了分销的费用。

第四是促销活动(promotion)。促销作为一种营销策略,是一种与消费者进行沟通的手段,涵盖了广告、推销、在线销售、市场推广和公共关系等多个方面。它不仅是一种企业信息的传播方式,也是对企业品牌、产品或服务进行传播的手段,旨在吸引和影响消费者的态度和购买行为。不同的消费者和产品在不同的时间段采用的促销策略效果各异,精准营销促销的目标是在适当的时机和地点,针对特定的人群进行有针对性的推广活动,以实现真正的精准促销。

"二八法则"在保险营销中也是适用的。为了实现公司的价值,公司需要针对特定的细分市场和有特定需求的客户进行定位。只有在营销资源的使用和分配上做到精准,公司推出的产品和服务才能真正发挥其应有的作用。在大数据的背景下,营销4P组合的目标是利用科技的力量,在丰富和完善产品或服务结构的同时,建立企业与社会、市场和客户之间的有效沟通和反馈渠道,形成一个持续的反馈机制,以满足定制客户日益变化的需求。

2. 推广策略

传统的营销推广主要依赖于广告、促销活动和渠道等多种方式和手段来进行信息传播。消费者作为市场的被动接受者,在与产品和服务供应商的互动中,往往缺少即时和精确的渠道,这导致了产品或服务的价值、质量的即时性与客户的实际需求之间的不匹配。在制定推广策略时,经常会盲目行动,四处散播,虽然投入了大量的资金、物资和努力,但实际效果并不理想。

精准营销利用现代科技、互联网技术、云计算和大数据平台进行数据筛选,以了解细分市场和客户的需求,从而有针对性地制定和实施营销推广策略。这种策略不仅更具实效性,还能节约大量的成本,从而显著提高效益和效果。

3.用户体验

在大数据的新时代背景下,营销策略更加强调市场导向和以消费者需求为核心。与此同时,市场的变化速度更快,要求也更为严格和复杂,这为用户在海量数据面前提供了更多的选择空间和可能性。在保险业中,重视客户价值是至关重要的,这样才能通过更方便、更精确的方式吸引和满足用户的需求。只有成功吸引客户,才能确保市场份额和企业利润的持续增长。因此,构建优质的用户体验,满足客户的各种需求,密切关注客户需求的动态变化,并提供让客户满意的产品和服务,是企业能够持续生存和发展的基础要素。

(二)精准营销的特点

1.满足客户需求,潜移默化进行影响

在如QQ、微信这样的社交媒体平台上,快速推送的广告信息能够极大地吸引客户的关注,与用户的兴趣和喜好越近,广告的效果就越明显。精准营销的核心在于深入了解真实的用户群体,为他们量身打造产品,并提供即时的服务,以满足他们对产品和精神体验的需求。通过持续的交流和互动,产品推送可以更深入地反映人们的内心需求,为用户的选择带来便利。同时,产品和服务的提供也变得更为便捷。这种广告信息很容易吸引用户的目光、兴趣和关注,基于这些平台的推送信息,用户可以做出购买决策,从而在用户和公司之间建立了稳固的沟通和互动渠道。

2.知道客户需求,知道如何满足

在之前的组织调查中,我们经常基于数据分析和研究,运用深入的访谈和心理学的方法,对消费者和客户的购买动机进行深入探讨。简而言之,我们希望了解客户在购买物品、浏览相关资讯或在社交平台上发布内容时的真实需求和期望。企业在一方面需要大量的人力、物力和财力投入,同时也对专业技能有着极高的要求。然而,在信息收集方面存在明显

的局限性,加上样本的局限性,使得整理和分析的结果难以充分反映实际情况,也没有跟上客户需求的快速变化。在大数据的背景下,没有必要进行事后的深入调查。相反,我们可以利用云计算技术来分析大量的数据,深入了解客户的消费习惯、行为模式和需求,这包括他们的支付能力和征信信息。基于这些信息,我们可以为客户提供定制化的产品和服务信息,确保他们的需求得到及时的满足。

3.定位客户需求,精准尽善尽美

了解用户数据的数量与增强用户与产品间的关联度是直接相关的,掌握得越紧密,就越能贴近客户的需求,从而使广告的推送更接近其目标。根据客户所展示的信息,很难深入挖掘他们的"需求"。但是,当涉及"满足需求或诉求"时,精准营销必然会与客户的隐私产生关联,这也是精准营销目前面临的一个不可避免的问题。

三、保险公司销售模式的发展趋势

(一)稳步调整直销渠道

我国的保险市场目前仍然是在起步阶段,这主要体现在其较短的发展历程、较低的保险参与率、对风险管理的不够重视以及落后的管理策略等方面。观察其发展趋势,保险直销方式在团体寿险和公司财产保险中逐渐受到关注,为保险行业和市场的进一步发展创造了广大的市场机会。在国内,保险公司在进行直销活动时,应当尽最大努力来提高参与保险的公司在风险管理方面的能力。鉴于目前国内实业资本与保险资本的融合发展,保险公司选择依赖实体经济来建立股份制公司,并通过为企业提供定制化的服务来制定风险管理策略,同时提供保险服务并进行持续的跟踪。此外,通过利用互联网平台,我们构建了一种创新的直销策略,并在官方网站、微信、淘宝等多个平台上推出了全新的保险产品。通过在线支付方式,我们将大部分的业务都在线上进行,从而拓展了市场营销渠道。

(二)健全中介人制度

以代理人为核心的保险行业中介机制,在当前的保险市场中仍被视为主要的销售策略之一,并被众多国家所接纳。经过超过十年的飞速增长,我国的保险行业中,中介人制已经做出了显著的贡献。然而,这也带来了明显的负面效应,导致了严重的影响,严重损害了人们对保险的认知,并对保险行业的公众形象造成了损害。主要问题在于所招聘的代理人素质参差不齐,经常出现保险欺诈和恶意竞争等不诚实的行为。为了扩大业务范围,很多保险公司过于注重数量而忽视质量,导致从业人员的专业素质与业务拓展能力不匹配,无法满足业务发展的需求。由于信息不对称,存在误导和欺骗保险消费者的情况,奖励制度过于侧重短期物质激励,而缺乏长效激励机制。因此,在大数据的时代背景下,当人们选择用金钱或脚来投票时,提供的选择机会变得非常广泛。为了更好地服务客户,保险公司需要在中介人制度上进行进一步的完善和强化。这包括控制保险代理人的数量,提高他们的专业素养和能力,加强独立代理人和经纪人的建设,建立中介人资质的提升制度,推动中介人制度的健康发展,并为客户提供更加专业、负责任和高质量的服务。

(三)深化保险业保险合作

传统的保险行业面临着代理佣金过高和缺乏高附加值的新型保险产品的问题,这些问题进一步制约了保险行业的进步。在大数据的背景下,传统的保险市场策略逐渐失去了大众的认知和接纳,再加上保险行业的竞争日益加剧,坚持传统的思维模式和发展策略,最终可能会被市场所淘汰,被消费者所遗弃。因此,公司必须紧跟时代步伐,更新观念,对产品进行升级和替换,提升服务的质量和水平,同时也要积极融入行业的发展大潮,通过妥善处理竞争和合作关系,实现融合发展。首要任务是深化保险与保险行业之间的合作关系。在逐渐放宽监管和法律对经营限制的背景下,保险行业与保险公司通过产权合作,将为保险行业打下坚固的基石,并促进其再次的快速增长;接下来,我们基于战略合作,广泛分享客户信息,充分运用科技工具和大数据进行分析,深入挖掘用户的需求,创新并开发具有高附加值的新产品,以满足客户的新需求和市场发展的新要求。

(四)积极推动新型营销

我国的保险公司在强化与客户的关系、提高品牌和信誉、加强产品研发能力和客户服务行为等方面,也应该能够积极地实施网上保险的营销策略。为了适应新的商业环境,公司不仅需要在产品设计上进行创新,还需要在服务和管理方面进行全面改革,以及在市场营销策略上作出相应的调整。

四、大数据背景下保险公司精准营销的必要性和意义

(一)保险公司实施精准营销的必要性

1. 大数据分析运营势不可挡

随着互联网和信息数据技术的快速进步,大数据分析已经成为一种快速发展的趋势。对于每一家保险公司来说,如何将这种大数据分析方法有效地应用于公司的决策制定和运营管理,成为一个不可忽视的重要议题。在未来的保险行业中,寻找大数据带来的机遇、深挖潜在的矿藏、寻找有潜力的市场和客户、建立与客户的紧密联系、提供个性化的产品和服务、增强用户之间的互动以及进行精确的运营都是至关重要的。

2. 增强需求精准性迫在眉睫

在大数据时代的大背景之下,保险行业的精准营销策略需要仔细考虑企业在哪些细分市场和客户资源方面的需求?市场的需求与客户的需求具体是什么呢?在互联网时代,由于公司与客户之间的沟通渠道变得越来越多样,如何深挖那些隐藏在背后的潜在客户,已经变成了保险公司在网络营销中的首要任务。在大数据的背景下,保险公司现有的数据、用户调研等信息已经不能满足现今的营销决策需求。因此,公司所需的客户特性等关键信息,完全可以通过在客户行为过程中保存的数据来进行收集和分析。我的客户有何需求?除了分析一些固定和静态的客户数据之外,通过深入研究网络消费者的教育背景和职业信息,我们可以进一步提高保险业务分析的准确性。

(二)保险公司实施精准营销的意义

1. 便利性视角

从方便性的视角看,精确的市场营销策略将为细分市场和保险客户的精准定位,为保险行业带来极大的便捷性。

在传统的保险精算方法中,首先是对客户进行分类和分类,然后设定特定条件,将消费者视为被动的营销目标,由保险公司提供各种产品和服务,使得客户变成了被动的消费者。大数据时代与信息时代有所区别,它在海量的数据资源中探索细分和潜在的市场,深入了解并掌握客户的真实需求,并根据这些市场和客户的特定需求,提供更加专业、有针对性和及时的定制产品和服务。例如,通过大数据分析,我们可以研究购买保险的人群、习惯,甚至可以通过了解客户的喜好、性格、经济承受能力、职业和居住地等因素来筛选、整理,从而发掘潜在的客户。这种情况在过去是难以置信的,但大数据和云计算技术为当前的实时数据分析和保险公司的迅速反应提供了强大的技术基础和便捷性。与过去仅限于"客户属于哪一类"的客户分类方式相比,现今的趋势是逐步转向"客户属于哪一类"。这些引人注目的小发现正在逐渐揭示出大数据时代下保险行业正在经历的深刻变革。这为我们更准确地了解市场动态和掌握客户的消费需求提供了极大的便捷性。

2. 精确性视角

从精确度的视角出发,在大数据时代的大背景之下,数据挖掘、分析以及互联网等前沿技术和手段为产品和服务的精准定位提供了有利条件。企业一方面从多个途径收集客户的资源和消费行为数据,另一方面则是从其自身的客户信息和资料中探寻潜在客户需求的模式。例如,我们可以利用大量的内部和外部数据来分析不同地区保险的差异原因,比较不同年龄、性别和价值观的消费者的购买行为,研究不同的收入、教育背景和认知能力对个人性格、喜好、星座和习惯的影响。此外,我们还需要在各种在线平台上寻找人们的上网习惯和需求,例如搜索关键词、查看历史信息、关注网页内容和收藏夹内容等,以揭示不同内容和信息之间的联系和内在规律。基于这些发现,我们可以进行分类和定位,并针对性地推送广告信息,设计特定的产品并提供相应的服务,同时及时制定和调整相关措施,以实现个性化的营销和定制服务。

3. 风险控制视角

在大数据时代的背景之下,从风险控制的视角出发,为保险风险控制分析提供了更为丰富的数据和信息基础,同时也为风险规避提供了额外的保护措施。在大数据的背景下,对客户的分析已经达到了一个前所未有的高度。透明和公开的信息共享为我们提供了全面分析客户历史状况的重要数据支持。这与过去的分析概率和整体状况的简单分析有所不同,因为在大数据时代,我们不仅关注整体和宏观的趋势,更注重对特定个案的准确理解和把握。在传统的商业环境中,由于信息的不对称可能带来巨大的风险。但在大数据的背景下,企业和个人客户的信息掌握变得更为全面、精确、迅速和即时。例如,企业的征信记录、资金状态、经营情况以及业务发展方向等,以及个人基本信息的掌握和分析都变得尤为重要。

显然,在大数据的背景下,保险公司面临着更高的标准和考验,这包括数据的采集技巧、数据的应用和分析方法,以及对市场变化的反应和敏感度等方面的能力。随着新科技、新技术和新业态的不断涌现和发展,企业和个人的需求仍然保持不变。尽管许多业务领域正在被淘汰和逐渐衰落,但新的领域和机会也正在出现。未来,人工智能、机器人、无人驾驶和物联网技术的发展和普及将给保险业带来新的挑战,对传统领域将产生颠覆性的改变。因此,保险行业也需要进行变革和创新,以找到新的发展路径和机会。

第二节　人身保险营销的发展趋势

一、互联网人身保险产品的演化历程

自从互联网保险这一概念被首次提出,各大公司都在积极寻找并高度重视这一渠道。他们都期望在其他渠道面临困境时,互联网能够为他们开辟一条新的道路。与此同时,大型的人身保险公司也在担忧被中小型公司在互联网渠道中超越,因此他们加快了布局,这也推动了我国保险业利用互联网平台进行快速的创新实践。

从创新性发展的视角来看,我国的互联网保险渠道和产品正处于各个不同的发展阶段。

在互联网保险刚开始兴起时,保险公司利用互联网和移动互联网渠道来满足在线消费者的购买需求。同时,基于流量的盈利方式也降低了人均的客户获取成本。如今,线上保险渠道的建立已经变成了保险公司进行互联网保险的标准操作。因为线上保险与传统的电子商务在本质上并无太大差异,价格问题已经成为消费者关注的焦点。因此,理财型保险和车险业务的线上化已经变成了这一时期的核心议题。在这个时期,保险公司所需的资源主要集中在网站的搭建和保养上。尽管第三方平台因其流量上的优势被视为保险机构的理想合作伙伴,但由于流量是线上销售的核心,保险机构在与流量领先的第三方平台合作时通常处于较为被动的位置,这也意味着他们需要承担更高的渠道费用。由于信息展示内容的局限性,这种模式存在明显的不足。适用于这种模式的保险产品通常具有较高的标准化水平和较小的服务内容差异。然而,更多反映出保险风险管理仅能满足个性化风险管理需求的产品,在这种模式下实际上是无法提供的。

在初期阶段,互联网保险经历了一系列的演变。这一阶段的核心内容是通过线上场景的拓展和新技术的应用来提升保险业务流程的互联网化水平。这包括从信息来源的拓展到业务流程数据的获取,以支持风险定价、核保和理赔流程的再造。目前,大量出现在特定场景下的互联网财产非车保险,如退货运费险、航空延误险和账户安全险等,都属于这一类别。上面提到的保险产品是根据特定环境下的特定需求而设计的,其普遍特性包括部件数量少和发生频次高。线上环境为保险公司在线核保和理赔方面提供了重要的数据支撑。这使得保险公司能够通过在线闭环服务或部分线上闭环服务来显著降低服务成本,进一步减少了人工成本对保险服务范围的限制。

目前,互联网保险机构正处于一个关键的阶段,即线上场景的获取和业务流程的数据化改造是这一阶段的核心任务。然而,由于社会经济的全面互联网化进程和新技术的应用还处于初级阶段,大部分已经实现覆盖的互联网保险场景都是碎片化和低成本的。特别是在处理大额财产和人身健康等问题时,风险管理的覆盖能力显得尤为不足。

与传统的线下销售模式相比,互联网人身险的保险期限更短,保额也相对较低,这在一定程度上呈现出碎片化的特点。然而,这主要是因为互联网销售目前无法实施体检、生存调查等常规的风险管理措施,只能通过限制保额、投保年龄等方式来将风险控制在一定的范围内。这并不完全是因为产品和场景结合带来的高频、低额度的特种保险。

二、O2O模式或将成为人身保险营销的趋势

互联网为用户提供了在线上方便的保险产品比价、选择、购买、咨询和资讯服务。而线下服务不仅注重便利性,更注重提供一种增值服务。除了提供最优惠的价格,它还全程跟踪和协助所有被保险人,使被保险人能够最直接、最快地收到保险赔款。在面临整体产业链效率瓶颈和技术创新需要持续优化的背景下,互联网销售渠道和传统的线下代理模式成为两个主要的发展路径。这两者之间的关系应当是互补的,而非替代或被替代。线上线下(O2O)的结合模式代表了一种创新的商业模式,它完善了保险行业在承保、理赔、系统支持和客户服务等多个方面的运营体系。

O2O模式对于寿险业务来说是相当合适的。从一个角度看,产品、服务和综合开发都可以依赖于"互联网+"技术;从另一个角度看,通过线下团队,我们为客户提供了更为出色和高品质的面对面服务。例如,北大方正人寿正在与北大医院展开合作,利用互联网手段吸引更多的医疗潜在用户,并通过北大的公开课程来获取更多的客户资源。传统的寿险服务正在向线上转型,目的是吸引那些有医疗和教育需求的潜在客户。经过一系列的中间数据处理、平台分析和客户定位,最终目标是通过专业的代理人来实现真正意义上的寿险销售。

第三节　大数据精准营销在人身险行业的发展倾向分析

保险行业利用互联网和大数据等先进技术，不仅可以增强线上的销售和服务能力，还能实现业务的网络化，以满足用户不断增长的在线消费需求。更为关键的是，大数据技术能否与传统的线下优势相结合，实现线上资源与线下业务的有机结合，进而探索并形成线上线下业务的互动融合模式（即O2O业务模式），从而为企业在互联网时代塑造新的核心竞争力。

目前流行的O2O模式主要分为两大类：一是"Offline to Online"，即从线下市场推广到线上交易；二是"Online to Offline"，即从线上交易到线下的消费体验。"从线下营销到线上交易"的策略是充分利用线下的资源，为潜在客户提供金融服务，识别潜在客户，并通过精确的营销策略将他们引导到线上（如网络或电话）进行销售，同时也提供相应的服务。"从线上交易到线下消费体验"的方法是利用线上网络平台对客户的行为和大数据进行深入分析，从而准确地筛选出有购买意向的客户。系统会自动识别这些客户，然后由电话用户或线下团队进行后续的营销跟踪。伴随着科技进步的步伐，大众对保险的认知逐渐增强。利用互联网平台可以有效地解决信息的不平衡和销售的误导性问题，O2O模式有望成为促进价值保费增长的关键策略。

一、大数据精准营销在新客户的精准获取方向的应用

传统的保险营销策略通常包括在线投放广告、线下实体店，或者是招募更多的代理人来吸引新客户。得益于大数据，为新客户提供精准的营销策略已经变得可行。

相较于互联网和其他途径，银行平台的目标客户群体更适合作为保险产品的理想选择。太平人寿目前正在银保渠道上进行初步的精准营销

第四章　大数据赋能人身保险精准营销的演进与发展策略

尝试。他们利用大数据技术，与工商银行、建设银行、浦发银行等知名银行进行合作，对银行客户管理系统的数据进行深入分析，以更精确地确定目标客户和资产配置以及保险需求。这一策略旨在将传统人寿的粗放式"盘里捞针"策略转化为更为细致的"碗里捞针"策略。太平人寿在经历了一年的探索之后，在与银行合作开展银保精准营销项目的渠道中，超过一半的期缴业务都源于精准营销策略；与此同时，客户签署合同的成功率得到了明显的提高，而且客户件的平均保费相较于非项目件的平均保费也有了显著的增长。太平人寿的银保渠道与各大银行机构紧密合作，成功地解决了信息孤岛的难题，这使得之前分散的数据变得更有价值和流动性，从而提高了人身保险的市场推广成功率。但是，与银行、证券等金融机构相比，保险业在大数据战略规划的数据平台建设、技术支持和决策应用方面相对较晚，其在电子化、数据化、移动化、平台化建设方面的发展程度远远落后。

只有当保险公司能够灵活运用各种大数据工具，对结构化、半结构化和非结构化的数据进行深入的分析和挖掘，才能构建以数据应用为核心的业务决策机制。利用这些相关数据，公司可以为其管理决策提供有力的支持，并形成一个"数据驱动、数据管理和数据创新"的大数据思维模式。这样，保险公司才能综合利用内外部数据，收集客户的个人属性、在线浏览偏好、线下活动路径和交易行为等多方面的信息，从而进行多维度、立体化的客户分析。这不仅可以帮助他们了解自己的消费行为和能力，还可以预测他们的消费需求和趋势，进而进行精准的营销活动。这样，就能实现营销方案与新客户的有效对接，实现不同销售渠道的精准投放，以及对实体界面、虚拟界面和各大销售渠道的全面管理和统一支持。除此之外，我们还可以依据客户的购买习惯和各种销售渠道的独特性来设计合适的销售路径，从而更加精确地挑选合适的营销途径来吸引这些潜在客户。

二、大数据精准营销在促进准客户的转化方向的应用

尽管众多的保险公司拥有庞大的客户基础，但事实上，其中的大部分

客户都是所谓的"准客户",例如极短险和赠险客户。在2017年4月的中旬,泰康在线保险公司与支付宝联手推出了名为"大病无忧宝"的健康保险产品(福利版本)。年龄在60岁以下的消费者,只需使用支付宝进行线下支付,就有资格获得健康保险,而保险金额会随着支付的次数逐渐增加,直到达到最大限额。这个产品推出后的一个月内,大约有1300万人主动申请了健康保险,这些人因此成为健康保险的受益者,其中大多数是首次接触健康保险的"90后"人群。重疾类产品通过赠送的形式吸引了年轻用户对健康险的关注。与此同时,赠险页面上除了显眼的"保障额度"外,"申请理赔"和"提升额度"也都位于显眼的位置。点击"提升额度"后,页面会自动跳转到泰康在线的"大病无忧宝"销售页面。显然,对保险公司来说,接受赠险也伴随着一定的风险。这是因为保险公司不仅需要为赠险设置责任备用金,而且在出险时还需要进行赔偿,除此之外,还存在其他一些不明显的成本。最核心的议题在于,捐赠保险能吸引多少愿意承担费用的健康保险受益者,以及如何有效提升保险赠送后的"转换率"。

从事互联网人身保险业务的企业,在运营自有平台时,通常会采纳一种从客户获取到业务转换的模式,这可以通过提供免费的保险或与第三方合作渠道来获取客户的信息,并通过人为的干预来实现价值的转化。无论是通过与传统销售渠道的合作模式,还是通过培育专门负责网销业务的团队,转化过程都已经形成了一种线上与线下相结合的运营模式。其中,泰康人寿的网电结合方式尤为显著。泰康的在线销售渠道设有专门的座席团队,他们结合官方网站的服务与销售,以及在线服务与电话销售,创造了一种在线吸引客户、线下指导与推动、在线交易的策略,最大化地利用了线上和线下的双重优势。在线交易为客户提供了更为方便和放心的保险购买体验,而通过人工服务,客户可以更深入地了解复杂的人寿保险产品。

实践证明,与新客户相比,准客户的转换成本明显较低。然而,由于保险公司对潜在客户的信息了解不足,并且分析方法也相对有限,这常常导致对潜在客户转化的重视程度不够。在当前时代,借助大数据技术,我们能够准确地追踪客户的行为模式,利用外部数据构建预测模型,并迅速进行验证和调整。基于这些分析,我们还可以推出个性化的营销策略,将最能吸引客户的产品展示给他们。保险公司有能力基于客户的健康状况、财务状况和信誉等因素进行更为深入的分析,这有助于提高其营销的效率和收益。此外,充分运用大数据技术还能增强营销策略的准确性。只有当大数据分析的优势和人工服务模式真正形成时,人工服务才能在客户真正需要的时候提供针对性的解决方案,而不是简单粗暴的服务营销模式,这样保险准客户才能真正感受到赠险、极短期保险的好处,并推动期缴类长险的转变。

三、大数据精准营销在存量客户精准营销方向的应用

利用大数据技术,保险公司可以更精确地对现有客户进行分类和洞察,深入了解他们的核心需求,进而构建预测模型,实施加保和交叉销售策略,从而实现客户价值的最大化和业务的协同发展。通过利用大数据进行精确的市场推广,保险公司有能力为其客户提供一站式的保险服务,这不仅能显著提高客户对保险公司的忠实度,还因为客户在同一家保险机构内购买的保险产品数量越多,更换保险公司所需的成本也就越高。

通过与其他平台共享数据的合作模式,保险公司使得交叉销售变得更为容易实现。通过数据平台的辅助,保险公司有能力深入了解现有客户在互联网上的行为倾向,并据此为他们提供有针对性的精确营销策略。比如说,如果顾客更倾向于购买母婴产品,那么可以考虑向他们推荐如少儿重疾险这样的专为儿童设计的保险方案;如果客户的资产状况良好,并且经常关注财经、理财等领域的媒体,那么可以向客户推广理财型保险产品。

大数据公司有能力利用大量的数据来构建预测响应模型,并从中挖掘出能够准确识别客户保险需求的关键变量。通过对保险公司实际客户的测试,我们发现使用这些变量对客户进行筛选可以使客户的响应率增加超过两倍。

四、大数据精准营销在预防客户流失方向的应用

保险公司在努力吸引新客户的同时,也必须注意防止现有客户的流失。然而,在实际的业务操作中,保险公司对于防止客户流失的关注程度明显不足。

事实上,利用大数据技术能够有力地避免客户的流失。例如,利用大数据技术,我们可以基于大量的大数据进行数据挖掘,从而构建预测模型。这种技术能够准确地识别流失客户的特点,并据此进行流失预警。此外,它还可以通过多种方式,如修复失去联系的客户(例如孤儿单、续签失联或来自外部渠道的客户),来有效地减少流失客户的数量。更具体地说,大数据技术能够协助保险公司基于保单、险种详情、销售团队数据、经济实力、健康状态等多种数据类型,对续保率的关键信息进行建模分析,从而筛选出可能影响客户退保的主要因素,并据此对业务流程进行相应的调整。利用大数据技术,保险公司可以采用回归算法来构建续收风险的预测模型,或者进行舆情的实时监控。这可以帮助他们根据现有客户的潜在退保率进行分类,识别可能的客户流失情况,找出客户不满的根源,并进行相应的改进和公关策略,从而有效地挽回那些即将流失的客户。

五、聚焦基于大数据精准营销为目标的大健康领域

在2016年,泰康在线推出了该行业首个专为癌症患者设计的产品,名为"粉红卫士"。这款产品涵盖了手术风险、药物报销、绿色通道、远程医疗服务、药物提醒管理、随访以及健康管理等多个方面的内容。弘康人寿正积极探索与其他健康管理机构的合作机会,例如网络咨询和在线挂号服务。在为客户提供疾病和医疗保障的同时,他们也致力于为客户提供更为便捷的健康医疗服务。通过与健康管理医疗机构的深度合作,弘康人寿旨在实现健康保障与健康服务的完美结合。现阶段,众多保险公司主要提供的健康管理服务是为病后患者提供的,这包括在患者生病后的咨询、医疗通道等。但随着大数据技术的进步,真正的健康管理如病前

预测和健康追踪已经变得可行。

如今,诸如互联网、物联网、感应技术和社交媒体等创新技术层出不穷,伴随着大数据时代的到来,预测的理论基石和实际应用技术都将经历深刻的变革。随着信息技术在四个主要领域的发展,数据采集的可能性、速率和费用都将发生根本性的变化。第一是采集,现在数据的采集无处不在,信息采集量不断丰富,而且数据采集由过去的主动采集变为现在的被动采集,尤其是手机 APP 软件、智能穿戴硬件的大量使用。[①] 第二是数据传输,利用移动互联网进行的数据传输在速度和效率上都取得了显著的进步。随着 5G 技术在未来的涌现和广泛应用,这一领域将会经历进一步的变革。第三是存储技术,云存储的诞生导致了传统存储方式向公共存储的转变,使得存储展现出更小的体积、更低的成本和更高的灵活性。第四是处理能力,这种处理能力持续增强,但成本正在显著减少。信息技术在这四个方面的演变,将为社会带来更深入的认知,更广泛的网络连接和更高层次的智能化,从而让人们有能力感知和连接所有事物。

在健康保险领域,全球都面临着风险管理的挑战,如医疗开销的增加、医疗过度、保险欺诈等问题都在妨碍健康保险的持续进步。随着国家相关政策的出台,商业健康险的税收优惠产品开始受到大众的关注。在这样的大背景之下,"保险+健康服务"这一模式有望成为人身保险公司新的业务发展焦点。这种模式能够通过商业保险来解决医保费用控制的问题。它不仅可以为保险公司提供宝贵的医保经验,还可以建立一个风险控制系统,实现细致的管理,从而控制理赔风险,提高保险公司的运营空间和效率。此外,它还可以创建一个将健康服务和健康保险捆绑在一起的经营模式,创造更多的保险应用场景,构建一个线上线下一体化的生态圈,形成医疗、保险和健康管理的良性互动。我们可以想象在未来的某一天,各种穿戴式终端的广泛应用,会使全量、实时、持续、动态和影像化

[①] 目前的穿戴设备可以监测个人步数、骑行、睡眠、心跳等,通过其他硬件设备可以监测血压、血糖、饮食等信息。

的健康信息管理成为现实。①一个人从他出生的那一刻起,就经历了全面的数字化过程,并被正式记录下来。所有与生命和健康有关的信息都将被数字化和图像化处理,结合物联网视频交互和人工智能等先进技术,这无疑将极大地简化人身保险大数据的精准营销过程。

第四节 推进人身险大数据精准营销的建议

一、加强基于大数据的客户画像研究

传统上,客户画像主要依赖于企业内部的结构化数据来描述企业客户的人口结构、产品属性、行为习惯、社交圈子、价值贡献和需求态度等多方面的信息。基于这些信息,通常会进行产品的创新设计、精确的营销推广、个性化的产品推荐以及售后服务的提升等一系列活动。然而,传统的客户画像方法由于受到企业业务特性、数据覆盖范围和技术短板的限制,导致数据量有限和信息不全面,这是一个难以解决的根本问题。因此,尽管客户画像已经得到了企业的高度重视和多年的应用,但其效果仍然有限,难以实现重大突破。在大数据的背景下,大量、多样和迅速的信息为传统的画像提供了更好的补充,同时,"客户标签"的应用进一步深化了对客户细节的描述,使得客户的形象变得更为鲜明和生动。

(一)客户标签体系的构建方法

我们构建了一个客户标签的分类系统,通过选择不同的数据维度来对客户标签进行分类,这为客户画像的构建提供了结构化的分析方法,同时避免了不必要的数据干扰分析过程,为实现业务需求和战略目标提供了有力的支持。

从构建客户画像标签体系的操作性视角来看,宏观指标层的分类是

---

① 2015年众安推出了国内首款可与穿戴设备及运动大数据结合的健康管理计划——步步保,以用户运动量作为重大疾病保险的定价依据,同时用户的运动步数还可以抵扣保费。

第四章 大数据赋能人身保险精准营销的演进与发展策略

最能体现设计师在业务需求实施方面分析思维的方式。因此有以下三种分类方法：

根据标签上的主题内容进行分类。对客户的标签进行主题分类，是最容易获取抽象商业全貌的标签分类方式。这一方法通过将客户特性从零开始、逐层深化的策略进行整合，并运用直观和描述性的思维方式来分解客户的各种属性，进而总结出标签的主题。基于标签所揭示的核心信息，我们可以将标签主题细分为四个主要部分，它们是：客户的基本轮廓、产品的持有量、与客户的互动以及客户的管理策略。客户轮廓描述了客户对象的独特属性，并结合行业特点和特定的分析需求进行了综合归纳。常用的标签包括：性别、年纪、教育背景、经济状况、职业状况、性格特点、个人兴趣和资产状况等。持有产品需要对其服务特性进行精确的描述，并通过识别关键产品和主要业务阶段，以获取客户的认知并优化产品和服务的成本效益。常见的标签包括：产品的持有特性（车险客户、理财型产品客户、健康险客户、赠险用户），产品的规模特性（高保额客户、低保额客户），以及产品的偏好特性等。客户交互的核心主题在于识别客户在与产品或服务互动过程中所表现出的行为模式。通过行为分析的结果，保险公司能够更深入地了解客户的心理状态和行为趋势，从而更有效地制定出有益的商业战略。这个主题标签展现了显著的多元性，其中最常见的包括产品的黏性、参与活动的程度以及品牌的受欢迎程度等。关于管理标签，它主要针对客户关系管理中的各种问题提供解决方案，这包括对客户当前状态的深度分析、如何准确地区分客户群体、针对特定客户或特定产品服务的商业活动，以及如何评估客户的反馈结果等方面的内容。这一标签主题能够更深刻地揭示对客户行为和与企业关系的深入思考，从而丰富了客户画像的多样性。常见的客户标签包括客户生命周期管理（如新客户、潜在客户、流失客户、睡眠客户等）、客户风险管理（高风险、低风险）以及客户综合价值管理（高潜在价值、高当前价值）等。

按照标签处理方法进行分类。客户画像的标签数据既可以来自公司的内部信息，也可以来自外部，这些数据可以直接用于描述标签的具体内容；从另一个角度看，这是基于对公司内部或外部数据的处理和再处理过程。因此，基于客户标签的处理方法，我们可以将其分类为：基于客观事实的标签、基于统计分析的标签以及基于评价预测的标签。客观事实类标签是基于真实存在的事实数据构建的，这包括由客户与企业之间的互动产生的内部业务数据，以及来自其他数据源的客户外部数据。常见的标签示例包括人口属性标签（如客户的婚姻状态、教育背景、财产状况、社会地位、性格爱好、年龄层次和生命阶段等），业务特征类指标（如产品类型、保障年限、销售渠道、客户是否参与相关营销活动），客户行为特征类指标（如产品购买特征、页面停留时间、浏览历史、搜索关键词等互联网行为数据）。统计分析类标签是基于基础数据分析和其他处理后的数据，将横向的业务维度和纵向的时间维度有机地结合在一起，从多个维度描述客户与业务之间的交互效果。常见的统计分析标签包括客户交互特征标签（如购买渠道和购买时间）和客户个性态度标签（例如小心谨慎型和犹豫不决型）等。预测类标签的评价是基于行为推断的数据，利用有监督或无监督的数据建模和挖掘技术，周期性地进行训练和优化，以实现对客户群体特征的及时和准确的分类和预测。客户特征数据可以通过分析挖掘、衍生计算，以及结合内外部数据和大众心理学的特点来进行探查，这些数据可以用于客户群体的划分、行为预测和价值分析等。常用的预测评价标签包括客户的交易行为特点（如客户流失的风险、潜在客户的增长概率、睡眠客户的转化率等）以及营销活动的响应标签（如客户的响应率、客户的忠诚度等）。

依据标签的属性状态进行分类。基于客户标签属性随时间变化的状态，标签可以被分类为静态和动态两种。静态标签指的是那些属性和内容几乎不会随着时间的推移而发生改变的标签。这里所说的静态，是指在某一特定的分析周期中，如性别、婚姻状况、教育背景等基本的人口特征信息能够保持相对稳定的状态。通过采用静态标签的定性化技术，我们为客户群体的分类提供了一个初步的分析途径。动态标签是一种标签，其属性内容会随着时间的推移而频繁地发生变化。比如说，购买产品时的渠道选择、产品数量的持有特性等因素。动态标签技术能够实时监测标签数据的动态变化，通过配置监控点等多种手段，能够准确识别客户对关键产品和交易行为的反馈和变化特性,从而确保客户画像的新鲜度,并增强其应用的有效性。

实际上,上述三个方案并不是彼此孤立的,它们之间存在交集和重叠。在创建客户标签的过程中,通常会根据特定的应用场景或目标,采用特定的处理方法来获取某一信息主题的动态或静态标签。因此,在对客户标签进行分类的过程中,这一步骤的痕迹可能会出现。然而,对于企业整体而言,整合和共享客户标签更有助于挖掘标签的潜在价值并减少其成本。一个理想的客户标签系统应当能够满足以下几个基本要求:客观性、独立性和全面性。客观地说,它不会受到标签的应用场景或应用目标的制约;各个独立的指标标签之间并不相互依赖或重叠;全面意味着能够满足企业的核心业务需求。然而,由于诸如工期、成本、业务领域等多种难以克服的制约因素,实现绝对的客观性、独立性和全面性变得相当困难。当面临操作中的挑战时,我们可以选择一个螺旋状的、结合业务与数据的双重驱动策略,逐渐构建客户标签库的体系。

(二)客户画像实现步骤

绘制客户画像的过程可以被划分为五个阶段。从明确客户画像的目标开始,经过数据的收集和整理,再到客户标签的转换,最后通过分析和建模得到画像,并将其应用于实际的营销和产品设计中。根据实际应用的需求,客户画像的每一步都需要充分利用企业的各种资源,以获得令人满意的画像效果,并确保其得以实际执行。

客户画像的目的和期望。企业创建客户画像的目的是实现各种不同的目标,比如深入了解客户的需求、实施精准的营销策略、提升产品和服务的质量,以及增强客户的体验等。根据不同的目标,客户画像的设计也会存在差异。例如,在为旅游险产品的客户绘制画像时,有两个主要目标:首先是寻找潜在的旅游险消费者并进行产品的市场推广;其次,我们依据画像的结果对产品进行了进一步的优化,以增强其吸引力和市场竞争力。基于客户画像的设定目标,我们能够建立一个客户画像的体系,包括客观事实标签、统计分析标签以及预测评估标签。

对相关的数据进行归纳和整合。根据数据来源,客户画像所需的信息可以被分类为内部数据和外部数据。我们有能力利用大数据的相关技术，对公司内部的文本、音频等非结构化内容进行转化和处理，并将其与传统的结构化数据进行整合，以更深入地了解和探索客户需求。从外部数据来看，客户对企业的了解得到了更为深入的补充。由于外部数据种类繁多，企业需要明确其业务需求，寻找与之匹配的数据，并将这些数据与企业内部的数据进行整合，以最大限度地挖掘数据的应用潜力。例如，我们可以根据客户对车辆的具体需求、他们的驾驶方式、对保险的安全偏好以及他们的社交网络等方面的信息来为客户画像做进一步的补充。

对数据进行分析并进行标签处理。一旦找到了合适的数据来源并完成了数据的收集和整理，我们就能对这些数据进行深入的分析、模型构建，并据此生成相应的标签。在构建标签体系所需的数据与数据状况之间，可能会有明显的偏差，主要表现为三种情况：部分数据能够满足标签的数据要求；由于质量和内容等多种因素，部分数据无法准确地提取出我们所需的标签信息；部分数据可能会超出我们期望的标签体系，而另一部分则可能缺乏提取标签所需的关键数据。对于那些在提取标签时缺失或不能获取所需标签的数据，线下工作人员需要进行进一步的补充和完善，或者可以利用外部的数据来进行补充。对于那些能够从标签体系中提取出来的数据，我们可以将其纳入标签体系，以便更好地分析和挖掘客户的其他需求。在对数据进行分析和处理后，我们进行了标签化操作。例如，根据客户在社交平台上频繁发布的旅游、旅游信息或搜索常见旅游目的地的地名信息，以及在电子商务平台上购买的旅行用品来判断客户是否是旅行爱好者等。然而，某些信息并不能直接导出特定的结论来作为标签。例如，如果客户拥有汽车保险产品，并且名下有等级车辆，那么很难推断出客户是驾车的，因为很多人是由家人驾驶，而不是自己驾驶。例如，我们不能简单地假设购买过母婴用品的客户家中必然有孩子，因为这次的购买很可能是为他人代为购买或赠送礼物。因此，我们需要基于多个数据进行深入的综合分析，以确保标签的准确性。

构建客户的画像。一旦获得了标签，我们便可以为业务场景创建客户的画像。在开始应用客户画像之前，需要先确认所绘制的客户画像是

第四章 大数据赋能人身保险精准营销的演进与发展策略

否满足了预先设定的目标。一旦实现了预定的目标,便有资格进入接下来的应用阶段;如果未能实现预期目标,那么需要深入探究问题的根本原因并寻找合适的解决方案。对于那些获得了浅层产品画像的用户,我们不能仅根据这些画像进行差异化的营销策略。我们只能依赖基础标签来进行全方位的产品推广,并根据客户的具体需求,进一步进行精准的客户画像和后续营销活动。一旦客户获得了中层的产品画像,他们可以进行目标明确的产品推广,并向实体员工分发产品名单,然后进行深入的分析和跟进。同时,所有客户的反应和反馈都必须被详细地记录在数据系统里,以便于标签的持续更新和维护。对于那些数据集齐全的客户,我们能够为他们提供深入的画像。这不仅可以帮助我们制定有针对性的营销策略,还能根据他们的具体需求为他们推荐定制化的保险产品,从而提高他们的响应速度和成功概率。

在真实的应用场景中,我们可能会观察到多源数据质量问题,这些问题可能导致客户画像系统的不完善。实际上,数据的质量问题,如数据的缺失、不完整性和不可获取性,一直存在。但在大数据的时代背景下,当我们试图利用大数据来优化传统的结构化数据时,却发现这些问题并未得到解决,反而被放大了。大量来自不同渠道的数据被融合在一起,其中一些数据被误导性地混淆,一些数据难以理解,还有一些数据看似真实但实际上并不准确。面对这类数据,我们首先需要核实数据源的可靠性,接着按照数据的优先级进行排序,然后可以利用这些相关数据进行互相修正,从而增强数据的容错性。最终,我们针对关键数据的质量问题进行了定位,并据此制订了相应的解决方案和计划,以逐步解决这一问题。如果我们将传统的数据时代比喻为一条巨大的河流,那么在大数据时代,数据就像是一片无垠的大海。即便存在某些数据质量的问题,它们也可能被这片汪洋大海所淹没,而不是那么显著,这正是大数据所具有的包容性。显然,关键信息的数据品质仍需进一步的监测和优化。与此相似,经常被利用的数据犹如流动的水,随着使用中的数据质量问题逐渐被识别并得到改进,数据的质量预计会持续上升;相对地说,随着时间的流逝,较少被利用的数据会累积起来,导致数据质量的问题未被及时发现,从而使数据质量逐渐下降,形成一个恶性循环。通过统计数据的使用频次,我们可以对数据进行分类管理,并制定相应的管理策略,这将有助于提高数据的质量和实现数据的高效利用。

二、推动基于大数据的精准营销实践

让我们设想这样一个场景:30岁的张先生和他的妻子以及他们刚刚出生的女儿居住在北京,整个家庭刚刚迁入他们的新家。周一的早晨,张先生在乘坐专车的途中下载了保险公司的应用程序,并对自己的账户信息进行了更新。在完成新家庭地址的填写后,应用系统向他提出了一系列问题,这些问题使他认识到,为了家庭财务的稳定,购买家财险和责任险是非常必要的,以应对可能出现的被盗、漏水等风险。由于他的家庭最近有了新的成员,系统安排了他的代理人与他进行沟通,以讨论购买儿童保障保险、教育金保险、夫妻养老保险规划等相关事宜,以及与他有相似家庭背景的保险配置情况。尽管目前这种情况可能尚未出现,但由于所需的数据和技术已经存在,我们很快就能将其转化为现实,唯一缺少的是保险公司在精准营销策略上的行动。通过这一实例,我们能够观察到,大数据精准营销涵盖了客户在从事件触发到需求实现的全过程中所获得的各种体验。该策略不仅可以涵盖多个业务和产品领域,还可以专注于某些特定的业务和产品,这涉及三个主要方面:触发的事件、产品的基本情况以及满足的需求。大数据的精确营销实际上是利用数字化技术来优化和增强客户的体验。

近几年,基于客户从其他行业获得的便捷数字解决方案的经验,他们对保险公司的服务也设定了相似的标准,比如一键购买、一键续保,以及根据购买历史和相似客户的购买分析来推荐个性化产品等。为了更好地满足客户对服务不断增长的需求,保险公司在数字化方面也付出了巨大努力,例如创建了网络销售平台或移动应用程序,推出了相关产品,并加强了内部数据处理能力。然而,所有这些措施的不足之处在于,它们仅仅是尝试将数字化技术融入公司现有的产品和流程中,例如承保和理赔,而没有真正从客户的视角出发,整理和优化客户的购买和接受服务利用真

第四章　大数据赋能人身保险精准营销的演进与发展策略

正的大数据进行精准的市场营销,可以帮助企业全面而彻底地解决客户因触发各种事件而遇到的所有相关问题,从而创造更多的价值,同时也能在这个过程中避免流程的重复和延迟。这表明,为了持续追踪或预测客户的体验,我们需要跨越多个部门、产品和销售渠道。这一过程需要经过深入的策划、设计和实施,大致可以划分为四个主要阶段:明确目标、构建平台和实际执行。

我们设定了明确的目标:追求"客户利益"的最大化和"效率的持续跟踪"。客户的利益主要集中在可能提高客户满意度的空间,以及目前的精准营销策略与客户的预期之间存在的差异;提高效率的核心在于如何淘汰多余和不必要的流程,以增加销售的成功概率。在对这些评估结果进行仔细检查后,我们可以构建一个既考虑客户利益又注重效率提升的优先处理策略,这将为大数据的精确营销提供坚实的基础。在这一流程中,有必要对客户频繁使用的关键环节和客户预期与公司服务交付质量存在较大差异的"痛点"环节进行可视化识别,以确保后续工作能够有针对性地进行。

构建平台:从宏观角度出发,对大数据精准营销的设计平台进行全面的构思和优化。设计平台在构建时,必须基于实际经验或深入的调研来深入了解客户的需求,并展示现有的流程信息技术架构以及详尽的客户体验决策树。这一平台需要满足三个独特的条件。首先,我们要重视客户的全方位体验:确保在各种途径上都能达到客户体验的统一性。例如,公司需要通过特定的渠道来收集客户的缺失信息,而代理人则需要使用与客户一致的工具,以保持与客户的统一视角。其次,关于数字化基础设施:我们致力于通过数字化的互动方式确保客户的行程能够流畅进行,这包括但不限于提供一键沟通功能和与第三方供应商的链接途径。最后,全方位的客户体验重新定位和设计:实施"端到端"的重新定位和设计策略。比如说,根据客户的婚姻状态的变动,所有的保险单都应该作出相应的调整,或者公司应当迅速地处理与赔偿有关的各种事务。

我们构建了一个模型,名为大数据精准营销模型。这包括将深入的人类学研究整合到客户的数字化应用和行为中,并采用敏捷方法进行概念和原型的开发。通过多轮的迭代升级过程,并综合考虑其中穿插的客户反馈和线下工作人员的意见,我们可以得到模型的终版。

为了实施大数据的精准推送,保险公司需要在试点阶段对其进行验证。通常,他们首先选择1～2个产品和客户标签,然后在最短的时间内创建一个具有预期功能和特性的大数据精准推送模型,并在某些地区和客户中实施。这样可以验证模型的合理性,收集线下员工和客户的反馈,并据此进行后续的调整和优化。利用这种策略,我们逐渐加强了对其他客户的大数据精确营销活动。

就目前国内保险行业实践看,对于自身大数据的管理和使用还存在很多需要提升的空间。[1]从大数据积累的角度来看,目前还存在一种以保单号而非身份证号来进行管理的现象,这意味着保险公司甚至不能准确地确定哪个客户在本公司购买了多少个保险产品。另外,从各种代理渠道收集的客户联系信息和其他数据中,也有许多不准确之处,这为保险公司在未来使用数字化手段与客户进行沟通和利用大数据进行精确营销设置了障碍。从另一个角度看,中国的保险行业在对客户的分类上尚存在不足,保险行业的客户价值不能仅仅通过是否发生过意外来评估,因为这些意外往往是偶然的;不能仅仅根据保单的金额来判断,大额保单的理赔责任也相对较大,这意味着保险公司最终可能不会盈利。

通过利用大数据技术,我们可以分析不同客户的特性与出险风险之间的联系,从而确定高价值客户的特征。在实际的商业操作中,识别并保护这些高价值客户是保险业未来发展的关键路径。

---

[1] 中国保险公司数据收集能力较薄弱,普遍缺乏全面的数据收集系统,导致相当一部分用户接触点的信息流失。

第五章　大数据赋能保险资金运用监管的理论与实践

第一节　大数据赋能保险监管的可行性

大数据技术在保险行业的应用不仅有助于推动行业的改革和创新，但同时也涉及行业风险评估、规范标准、数据安全、隐私保护和数据共享等多个方面的问题。更重要的是，这也带来了一系列风险管理问题。因此，监管机构需要具备前瞻性思维，站在维护保险行业稳定发展和保护消费者权益的高度，对大数据可能带来的影响进行深入研究。从宏观角度观察，大数据对于保险监管的作用将是全方位且深入的，其中既有机会也伴随着挑战。

一、大数据助推保险监管现代化转型

目前，保险行业的市场化改革正在持续深化，保险监管机构越来越注重摒弃过去过于重视事前审批而忽视事中事后监管的传统观念和方法，目标是实现监管体制向"放开前端、管住后端"的放管结合模式转变，以完成监管体系的现代化转型。应用大数据技术为保险监管体系的现代化转型开辟了全新的可能性和机会。

(一)大数据有助于推进监管制度现代化

大数据的应用有助于揭示那些传统技术手段难以呈现的内在联系，进而促进政府数据的开放与共享，推动社会事业数据的整合和资源的整合，极大地增强了监管机构在数据分析方面的整体能力，为应对复杂风险提供了全新的解决方案。通过对政府数据、行业数据和社会数据的高效

收集、整合和深入应用，监管部门能够构建一个"数据驱动"的监管体系。这不仅能实现基于数据的科学决策，还能提高监管机构在决策制定和风险预防方面的能力，支持从前期审批到事中和事后监管的转变，并逐渐实现监管观念的现代化。目前世界各国都在探讨以大数据支撑创新市场监管模式，例如美国在很多行业都建立了内部数据共享系统，强化了市场监督的数据基础；欧盟以"创新""增长""透明"原则构建数据门户网站，加大科研数据基础投入，欧洲公民和企业之间能够自由获取政府提供的公共数据。2015年以来，国务院先后下发了《促进大数据发展行动纲要》（国办发〔2015〕50号）和《国务院办公厅关于运用大数据加强对市场主体服务和监管的若干意见》（国办发〔2015〕51号），运用大数据推动经济发展、完善社会治理、提升政府服务和监管能力在中国也成为一种趋势。这样的时代潮流，给保险监管的现代化转型带来了新的机遇。

更具体地说，利用大数据技术来推动监管制度的现代化，能够实现"三管齐下"的策略。

首先，我们需要推动公司治理和监管体系的现代化进程。公司治理是一套完整的制度框架，其中所有者负责对企业的运营管理和业绩表现进行全面的监控和管理。一个健全的法律框架是保障投资者权益和提升公司治理质量的关键手段，但在像中国这样的新兴市场国家，法律制度的进一步完善并不是一蹴而就的事情。因此，对于公司的治理和监督，我们必须给予充分的关注。从宏观角度看，保险公司治理监管的核心目标是推动保险公司构建一个健全的内部控制体系。这包括加强董事会的建设，充分利用董事会的科学决策机制，以及完善董事会和监事会管理层之间的制衡机制。这样做是为了在信息不对称的情况下协调各方利益相关者的激励冲突，避免由于股权管理不当导致的保险企业资金违规使用、关联交易和信息披露不及时等公司治理危机，确保保险公司资本充裕、运营安全和效益良好，同时也不会侵犯消费者的权益。过去，公司治理结构的监管主要集中在"前端"，也就是更多地关注静态的制度建设和保险高级管理人员上任前的审批，监管方式主要包括行政审批和现场检查。由于监管机构在有限的成本条件下收集到的关于公司治理结构和高级管理人员的信息通常是分散和割裂的,这使得分析它们之间的关联关系变得困难,也无法反映出变化的趋势,因此很难实现对公司董事会和高管人员动态变化的实时跟踪和监控。正是基于这个原因,我国的保险监管机构在吸取了国内外的经验和教训后,构建了一个保险机构与高级管理人员的管理系统。该系统依赖于对公司制度、高级管理人员的任职和审计情况等非结构化数据的深度挖掘和分析,旨在提高公司治理监管的效能,从而摆脱传统的静态监管模式。在大数据的大背景之下,保险监管机构有可能利用来自多个渠道和多个来源的信息,来进一步完善公司治理的非现场监管体系。这包括对保险机构和高级管理人员管理系统中的非结构化数据,如申请书和审计报告,以及来自外部的高管行为和信用数据等进行关联挖掘和分析,从而提高监管的实时性,甚至可以提前预警公司治理的危机。同时,也需要不断完善保险公司治理和内控问题的数据库,探索建立公司治理和内控问题的"负面清单"制度。值得一提的是,在"大数据"时代的背景下,社交媒体、电视和报纸等主流媒体得到了飞速的发展。作为企业外部市场环境的一个关键组成部分,大众媒体能够及时并大规模地发布企业信息。其不仅为投资者、消费者和监管机构提供了宝贵的信息来源,也逐步成为推动企业规范化治理的重要外部监管力量。

其次,推动市场行为的监管体系现代化。对市场行为的监督始终是保险行业监管的核心部分,也是确保消费者权利的关键手段。大数据技术的运用,为市场行为监管体系的现代化进程奠定了关键的技术基础。以条款费率的监管为背景,随着保险行业市场化改革的不断深化,费率市场化已逐渐成为一个不可避免的发展方向。以车险费率的市场化改革为背景,为了提高车险市场的竞争力,同时避免由恶性竞争引发的问题,监管机构在推出市场化改革方案之前,成立了一个专门的工作组,对车险的客观成本进行了详尽的计算。在这一进程当中,大数据的核心思想和独特特性表现得尤为突出。为了为行业提供一个客观和公正的风险评估标准,并为建立长期的费率动态调整机制打下坚实的基础,工作小组收集了大量的数据,并成功创建了车险精算的大型数据库。这个数据库包含了 8.8 亿条保单、1.3 亿条赔款和 2.9 亿条无赔款优待(No Claim Discount NCD)数据。该数据库与保单库、赔款库、NCD 库和车型库四大数据库完美匹配。此外,他们还与中国汽车技术研究中心合作,进行汽车生产数据和车险数据的交互研究,引入车辆的生产和配置信息,科学地确定车险费率,为车险费率的市场化改革打下了坚实的基础。另外,车险平台与公安交通管理部门进行了合作,建立了一个车险费率的浮动机制。这个机制是基于投保车辆过去一年的交通事故赔偿情况和酒驾等交通违法记录来确定今年的保费浮动范围,旨在一方面促进安全驾驶,另一方面也提高了定价的合理性。

例如,对于市场行为的不规范监管。在我国的保险行业中,市场行为失范的情况并不罕见。一是损害消费者权益的行为很难彻底解决,主要表现为销售的误导和赔偿的困难。二是恶性竞争的情况偶尔会出现。在传统的监管环境中,为了规范保险公司的行为,监管机构主要是通过发布禁令和明确服务标准等措施,并依赖消费者的投诉和专门的现场检查来进行工作。尽管这样的监管方式已经取得了某种程度的成效,但由于它是一个人力密集型的制度,因此成本相对较高。此外,这一监管体系的核心目标是利用有限的监管资源进行事后的指导和修复,因此,提高监管的效率变得尤为困难。近几年,随着数据基础的不断扩展和大数据技术的持续进步,监管当局也在积极地尝试通过数据挖掘手段来识别不合规的市场行为。在大数据的背景下,监管机构有可能进一步完善市场行为的监管体系。在国务院的统一指导下,保险监管机构有能力推动建立和完善失信联合惩罚机制。他们可以利用大数据技术创建一个保险行业信用信息数据库,将本行业及相关行业的各种不规范行为纳入该数据库。此外,他们还可以利用信用信息数据库来建立一个对保险公司的评分模型,并定期公开其信用状况,作为消费者在选择保险公司时的参考依据。如果情况严重,还可以启动相应的退出机制;针对保险行业的从业者,我们根据信用信息数据库制定了行业禁止入内的规定;对消费者而言,国家信用信息基础数据库应纳入其不当行为,以便在信贷、交通等多个领域对其进行处罚,从而增加其违法和违规的成本,并抑制其不端行为的动机。从另一个角度看,监管机构可以利用大数据技术,并结合舆情分析、消费者的语音投诉等非结构化数据分析方法,来进一步优化保险公司的服务评估体系。

最后,推动偿付能力的监管体系现代化。从全球视角来看,偿付能力的监管不仅是对后端进行最核心和最高效管理的途径,也是监管制度现代化进程中的关键环节。在 2012 年,中国保监会发布了《中国第二代偿付能力监管制度体系建设规划》(保监发〔2012〕24 号),标志着"中国风险导向的偿付能力体系"(简称"偿二代")建设的正式启动。在广泛征集各方意见和开展多轮的定量测试后,一个以风险为核心、适应我国实际情况且在国际上具有可比性的"偿二代"监管体系已经基本建立。这标志着我国偿付能力监管体系经历了一次深刻的改革和提升,同时也体现了大数据思想在监管制度构建中的关键作用。在"偿二代"项目启动之后,监管机构收集了近十年的全行业大数据,这是首次对"偿一代"的数学模型是否与行业实际相符、"偿一代"与欧盟偿付能力监管标准 II 项目(简称"欧 II")以及美国风险资本监管要求(Risk — based Capital Requirements RBC)进行了定量对比研究,从而深入探讨了我国在偿付能力监管方面的历史经验和所面临的问题;在"偿二代"中,所有的监管准则都至少经历了四次定量的测试,并利用数据进行了实证验证。通过对历史数据的估算和多次的量化测试,监管机构成功地了解了整个行业的风险情况,并明确了行业的风险界限,这为"偿二代"策略的科学性和实用性提供了坚实的支撑。在推进偿付能力监管制度的现代化过程中,大数据的理念显得尤为关键,因为它为监管机构提供了一个基于数据分析、客观评估企业及行业风险的方法学框架。

(二)大数据有利于推动监管手段现代化

近几年,尽管面临经济下行所带来的多种压力,但得益于改革带来的红利释放和资本市场的显著表现,保险行业已经取得了令人瞩目的业绩,并在行业发展方面达到了一个新的高度。一方面,该行业的增长势头明显,为风险提供的保障能力有了显著的提升,其在风险管理体系中的位置也得到了明显的加强;从另一个角度看,行业的开放度持续上升,不只是在"引进来"的策略上获得了显著的进展,同时在"走出去"的策略上也取得了显著的成果。保险行业现在正处于一个难得的成长时期。从相对的角度看,我国在监管资源方面的进展实际上是相当受限的。现阶段,我国仍然采用以政府为主导的集中式监管模式,这与以自律组织为核心的自律型监管模式有所不同。在政府集中监管模式下,监管职责、权力和责任主要是由政府的监管职能部门来行使的。面对不断变化和复杂的创新,这样的监管体系往往会处于监管资源相对匮乏的困境,这对于提升监管效能是极其不利的。在这样的大背景之下,保险监管机制的现代化转型显得尤为关键,而大数据技术为这一转型创造了有益的环境。

首先要明确的是,大数据对于市场监管的进步和完善起到了积极作用。与错综复杂的市场相比,监管的资源始终是受限的。尽管我们持续努力构建一个由政府监督、行业自律、企业自控和社会监督组成的"四位一体"的现代监管体系,但由于中国保险市场独特的发展轨迹,该行业的粗放型发展模式尚未得到彻底改变,市场调节机制也尚未完全成熟,因此监管资源变得更加稀缺。提升市场监管的有效性,推动市场的自我规范和自我净化,以及维护一个公平竞争、诚信守法和消费者自主的市场环境,构成了现代行业监管体系发展的不可避免的方向。在大数据的背景下,通过政府信息的公开透明和社会信息资源的开放共享,能够增强市场主体在生产和经营活动中的透明度,有效地激发社会各界对市场主体进行监督的积极性,并构建一个全社会广泛参与的市场监管体系。

再者,大数据在推动非现场监管的进步和实践中起到了关键作用。非现场监管遵循风险为核心的监管哲学,持续而全面地搜集、观察和分析被监管机构的风险数据。根据被监管机构的主要风险隐患,制定相应的监管策略,并结合其风险程度以及对金融系统稳定性的潜在影响,合理地分配监管资源,并采取一系列的分类监管措施,形成一个循环往复的监管流程。作为一种高度依赖数据的监管方式,非现场监管在保险行业的监督中的重要性和影响逐渐凸显。中国保监会始终专注于推动保险监管的信息化进程,并在金融监管机构中率先实施了"全科目、大集中、一级报三级"的数据收集模式。这一做法实现了保险统计数据的标准化和集中化管理,使其成为银保监会以及地方分支机构用于监控全国或地区保险市场运行状况和进行非现场监管的主要数据平台。该系统每月能够收集5500万条的业务和财务数据,并自动生成47万张各种类型的报表。到2014年年底为止,该数据库已经累积了超过75亿条关于保险业务的财务数据,这些数据资源相当丰富,为该行业的进一步发展和有效监管提供了坚实的分析基础。银保监会通过"大集中开发方式"成功地实施了25个保险监管应用系统,这些系统包括保险统计信息系统、分类监管系统、机构和高层管理人员管理系统、产品管理系统、监管信息摘报系统、偿付能力系统以及现场稽核系统等。这批系统已经初步获得了支持各种业务监管信息化的功能,并基本满足了保险行业在非现场监管方面的需求。展望未来,随着大数据资源的进一步开发和大数据技术的持续进步,监管机构有机会将产品、投资等关键信息整合,构建一个多维度的数据分析和监管指标体系,为监管部门在风险预警和预防方面提供坚实的数据支撑,从而提高风险处理的效率。另外,基于非现场监管所识别的主要风险迹象和存在的疑虑,保险监管机构可以更加有针对性地制订现场检查的计划,明确检查的目标、时间、范围和重点,并合理分配有限的监管资源,从而提升现场检查的效率和质量。

最终,监管机构可以利用大数据技术,通过积极采用网络舆情综合分析、投诉语音识别分析等非结构化数据分析方法,来完善和优化保险公司的服务评价体系,从而进一步促进保险消费者的权益保护。

(三)大数据有利于推动监管机制现代化

现代化的监管不仅仅是监管的现代化,它还意味着根据与社会主义市场经济相匹配的现代政府监管体系的标准,逐步推动权力下放和监管体制的改革。对于需要在事中和事后加强监管的情况,必须明确监管的任务、内容和标准,建立一个分工合理、权责一致的职责体系,明确监管的主体、职能和责任,避免出现监管过度或监管真空的情况,并做好分类监管、协同监管、创新监管。换句话说,保险的监督管理需要高度重视外部和内部合作机制的完善和强化,以实现有效的监管协同效应。大数据有能力为其提供强大的支持。

首先,这有助于进一步完善和强化高效的外部监管合作机制。现阶段,金融市场的整合趋势变得越来越明显,跨领域的经营策略不断涌现,交易的结构设计也变得越来越复杂。在微观层面,我们看到了众多的跨市场和交叉性金融工具的出现。金融领域的风险因子变得越来越复杂,风险的传递方式也变得更加多样。以机构监管为中心的分业监管体系已经不能满足在综合经营背景下的监管要求。一是由于不同的监管机构在对交叉经营相同或相似业务的监管规定上存在差异,这为市场创造了相当大的监管套利机会。二是综合经营已经构建了一个涵盖多个行业和市场的投融资业务链条,这增加了金融风险在不同行业和市场之间传播的可能性,从而更容易触发金融系统的系统性风险;然而,在分业监管的背景下,监管机构很难全面掌握投融资业务链条的整体规模、构成和动态变化,也不能准确了解被监管金融机构所面临的实际风险和风险传播途径,这使得风险累积程度的动态监控变得困难。这些因素都给金融监管和政府监管的协同性带来了巨大的挑战。中央银行、金融监管机构和其他政府部门之间的合作变得越来越重要。在大数据的环境中,各个监管机构之间的信息交流变得可行。如果能够构建一个涵盖多个部门和行业的综合监管与执法体系,并将各相关部门的监管任务和规定整合到一个统一的监管平台上,那么依赖大数据进行的非现场监控将成为实现跨部门联合监管的有效途径;同时,监管机构和行业数据的收集为监管机构在依赖大数据进行非现场监管时提供了更加丰富的数据资源,从而显著提高了非现场监管的实施效果。

值得强调的是,建立一个整合了公安、交通、征信、银行、气象水文、保险以及其他金融行业跨部门和跨行业数据的信息平台,对于提升各部门之间的协同管理效能和丰富管理手段,具有非常明显的正面影响。例如,银保监会利用车险平台与税务机关税源系统的即时互动,构建了一种"税险同步"的在线征收新策略,这使得保险公司在提供交强险保险时能够同时代收和代缴车船税。如今,联网征税的覆盖范围已经扩展到11个省份和城市,其中非农用车和船舶税的征缴率普遍超过了95%,这比非联网地区平均要高出20~30个百分点。税务机关通过联网方式进行车辆技术信息和纳税人缴税情况的共享,成功掌握了车船税的税源和收入情况。这不仅为分析征管质量和完善车船税政策提供了有力的数据支持,还减少了车主需要提交的缴税相关凭证和表单,从而提高了征管的效率。例如,当保险和汽车行业的数据进行共享时,这将极大地促进汽车的安全设计、道路交通的安全性,以及汽车配件和车辆销售维修价格的反垄断工作。

其次,这有助于加强和完善内部的合作流程。监管机构内部的合作机制主要体现在各个部门之间的相互协作,以及监管机构总部与地方分支机构之间的层级联动问题。从横向角度看,高效的内部合作机制可以有效地解决监管职责不明确的问题,避免监管空白和监管重叠的共存;从纵向角度分析,加强总部与其下属机构的协同工作机制,将有助于更加合理地分配监管资源,从而形成强大的监管协同效应。基于大数据技术构建的非现场行业监测系统能够收集行业内的大数据,并根据监管规定来设定指标,赋予各个部门和机构相应的职责和权限,这有助于解决监管资源分配不当的问题,并促进部门之间的横向合作。如果我们能够适当地增加非现场监管系统的权限,为一线监管人员提供更多接触和利用监管信息数据的机会,并促进数据的共享和深度分析,这将有助于更迅速地找到关键线索并进行现场检查,从而更有针对性地提高监管的效率。

二、大数据向保险监管提出更高要求

每一样事物都存在正反两个方面。从一个角度看,机遇其实也代表了一种考验。随着大数据时代的兴起,保险行业的监管不仅获得了新的机会,同时也面临着更为严格的标准和前所未有的挑战。

(一)大数据冲击传统保险监管理念

正如本书的第二章所探讨的,大数据不只是新技术和新工具的象征,它还代表了一种创新的思考方式和对数据的高度重视的工作哲学。首先要明确的是,大数据正在挑战传统的监管观念。虽然监管机构在运用大数据来推动监管现代化方面已经取得了不小的成就,但我们也不能忽视一个事实,那就是各级监管人员对数据的关注度仍然不足。他们在思维方式上更多地侧重于经验性的定性监管,主要工作是事后对具体问题进行追责和处理。他们不擅长进行定量的监管,也不习惯于利用数据分析来为监管工作提供预警信号,更不擅长在数据挖掘中发现风险线索,这导致监管工作更多是被动的。为了充分利用大数据为监管现代化所带来的各种可能性,我们需要摒弃过去那种基于经验驱动的监管观念,而不是过去主要依赖于查找和处理问题的"消防员"式监管策略,从而实现监管理念向数据驱动型的全面升级。

另外,大数据技术的进步也给当前的保险监管信息管理观念带来了新的考验。在过去,由于数据的敏感性和安全性问题,保险的监管信息在监管系统中是相对封闭的。信息的应用范围比较有限,外部的数据授权机制也不是很清晰。通常,信息只会在"正面清单"上公开,如果不能充分证明数据分享的必要性和合理性,那么信息就不会被披露。在大数据时代的背景下,即"需求为金、服务为王",保险监管信息已经变成了推动行业创新性发展的关键资源。如果这些信息不能与其他部门、行业机构和学术界进行有效的共享和共用,那么大数据的功能将难以充分发挥。尽管当前的保险行业监管体系包含超过两万个科目的数据,但其中大多数数据仍然处于"未被充分利用"的状态,仅有 5%~10% 的数据是常用的。在大数据的背景下,保险监管的信息管理需要具备更宏观的视角。如果不能确凿地证明数据与商业机密和行业安全有关,或者不能充分地证明数据可能会被滥用,那么监管机构应当积极推动监管信息在明确的权限范围内进行共享和使用,全方位地开发和整合各类监管信息资源,加速中央与各部门、地方与上下级之间的信息资源共享和互联互通,并对相关企业和社会组织的信息披露的全面性、真实性和及时性进行严格监管。这对目前的监管结构同样构成了巨大的考验。

显然,在大数据的收集、储存和应用阶段,存在着多种安全隐患,因此在数据时代,数据的安全性和隐私保护成为一个不可忽视的问题。如何将数据安全的监控体系整合到风险监控体系中,以及如何在保护客户隐私和数据利用之间找到一个平衡点,都是监管机构当前需要解决的关键问题。

(二)大数据挑战传统业务监管模式

大数据技术对传统保险业务模式产生了深远的影响,引入了新的价格设定和风险控制技术,同时也使得整个行业的界限变得模糊。这种创新性发展模式打破了传统的商业模式,以互联网公司为例的跨国企业已经成为金融行业的新的潜在参与者。在大数据的背景下,互联网公司拥有技术、数据和创新的三大优势,这无疑会给金融领域带来深远的影响。在大数据的背景下,信息的交流已经超出了行业和领域的界限,甚至超越了传统的混业经营模式,更为关键的是,信息能够以实时的形式流通。这代表了一个混合行业的趋势,不只是传统上金融行业的整合,还涵盖了金融与科技在不同产业间的融合。此外,随着大数据技术与互联网、云计算等新兴技术的深度融合,创新的大数据应用业务逐渐浮现,其中许多新的业务策略都是跨领域的经营方式。这一全新的跨领域生态系统将为风险管理和消费者权益保护注入全新的定义,并对现行的分业监管和原则性监管模式提出挑战。同时,在大数据环境中,创新业务需要建立具有创新性的监管思维模式。在大数据的大背景之下,创新业务往往呈现出跨领域的特点,这增加了监管的复杂性,并可能导致风险的传播,因此,在风险预防和创新推动之间找到一个平衡点变得尤为困难;此外,在全面开放的背景下,保险行业正面临着国内和国际保险市场的激烈竞争,同时,在多元化的经营环境中,保险机构也与其他金融实体和产业机构展开了激烈的竞争。从监管和改革的视角出发,我们必须开放思维,坚守原则,并引导创新。保险监管机构在运用大数据技术进行监管创新时,面临的一个主要障碍是缺乏高级复合型的专业人才。如果我们不能有效地引进和培养复合型大数据专业人才,实现监管队伍的转型,并培养和留住一支数量充足、结构合理、素质优良、表现卓越的复合型专业人才队伍,那么推进保险监管的现代化和更好地执行监管就会变得困难。

第二节 保险资金运用监管的概念和意义

一、保险资金运用监管的概念

监管涵盖了两个主要方面:管制和监督。管制可以理解为监管机构通过制定相关的法律条款来对被监管实体的行为进行规范和指导;监督是一个过程,其中监管机构负责观察被监管实体是否严格遵守法律规定,并进行相应的执行监督。保险监管实际上是保险监管和保险管理的缩写,它指的是一个国家的监管执行机构依据现有的法律体系,对保险市场进行全面的监督和管理活动。在这之中,对保险资金的使用进行监管被视为保险监管的核心内容之一,意味着保险监管机构会根据既定规则来对保险资金的使用进行监督和管理。保险业,作为金融领域的一个核心部分,由于其资金负债、社会属性和投资行为的潜在滥用风险,只有对其进行严格的监督和管理,保险市场才能实现健康和稳定的发展。

二、保险资金运用监管的意义

虽然保险行业的运营带有一定的风险,但这些风险的出现往往是偶然和不可预测的。保险资金的运用情况与保险行业的运营状况有着密切的联系,并具有社会影响。因此,为了防止资金不当使用导致保险公司亏损、破产,甚至可能对整个行业和社会稳定产生不良影响,有必要对其进行严格的监管和管理。加大对保险资金使用的监督力度,对于预防金融市场的风险是至关重要的。由于我国当前的市场机制尚未完全成熟,加上市场调控的盲目性和滞后性,以及在不同保险机构之间存在不同程度的信息不对称,这些因素共同导致自由市场机制无法充分实现资源的最优配置。因此,我们必须利用政府的"无形之手"来调整市场,以消除市场失灵带来的负面效应。

通过对保险资金使用的严格监管,可以有效地提升保险投资的收益水平。保险业务涵盖了多种不同的险种和类型,每一种保险在保险责任和赔付金额等方面都有所不同,因此,不同的保险公司在管理和使用保险资金方面也有各自的特点和方式。因此,通过对保险资金使用进行严格的管理和监督,我们可以更好地挖掘保险资金的独特性质,进而选择与其匹配的投资项目,并确定合适的投资规模、比重和期限。

加大对风险资本使用的监督力度,对于保障资本市场的正常运行是非常关键的。为了吸引更多的客户,保险公司往往选择降低保险费率和降低保费。这种策略不仅加剧了行业内的竞争,还导致了更多的投保人、更大的保险资金和更多的保险金流入。但是,资本的投入往往带有某种程度的不确定性。通过对保险资金使用进行严格的监管和规范,我们可以更好地协调保险市场各参与方之间的关系,确保资本流向行业和经济发展所需的地方,从而使资本市场的投资结构更为合理,并避免因市场的高度波动导致的资本损失。

第三节 大数据视角下完善我国保险资金运用监管制度的建议

一、建立健全的保险资金运用监管法律法规

(一)提高保险资金运用监管法律法规的规范性和系统性

首先,我们建议在法律制定上,以《中华人民共和国保险法》为核心,为保险资金的使用制定严格、有组织且实际有效的专项管理法规。现在,

监管当局已经发布了一套关于保险资金使用的条例,并初步建立了相应的法律框架。然而,我国在保险资金使用方面的相关规定大多是通过通知、规范和办法等多种方式发布的,这些规定的立法层次相对较低,规定也比较分散,整体体系显得混乱。在新旧法律法规交替发布的时期,我们可以观察到法律之间的断裂现象。除了参考《中华人民共和国证券法》外,为了规范证券投资基金的行为并保护相关当事人的权益,还制定了《中华人民共和国证券投资基金法》,这可以作为证券行业的一个参考。为了规范保险资金的使用,相关机构可以制定专门的法律规定,并对资金使用的各种原则和规则进行详细的规定。这不仅需要细致和全面,还要确保其具有实际操作性和实施性,从而构建一个完整且合理的监管体系。

其次,我们需要建立一个规范性文件的审查机制。对现有的与保险资金使用有关的法律和法规进行整理,对那些混乱的保险资金监管规章、政策和通知进行有序整合,使其内部逻辑更为清晰,并确保其具有系统性和科学性。我们需要集中精力解决当前众多的监管法律,但它们之间存在的不和谐问题。因此,在整合监管的法律和法规体系时,应以规范性文件作为起始点。首要的,我们需要建立一个定期的审查机制。基于保险资金实际应用的发展状况,我们对当前的保险资金使用监管法律和法规进行了整理,并决定是否进行更新或废除。接下来,我们需要建立一个暂时性的审查机制。在市场环境变化、新旧法规更替等情况下,对规范性文件进行审核并提出修改完善意见,避免出现法律割裂现象。[①] 另外,针对保险资金使用法律监管中存在的立法者与执法者身份重叠的问题,可以通过高等教育机构、产业界、监管机构等多方共同参与审查,以使规范性文件更加符合行业的发展现状。

最后,是对与保险资金使用和保险数据管理有关的规定进行进一步的完善和补充。我们需要迅速弥补监管的不足,强化监管的薄弱环节,确保监管标准涵盖资金使用的每一个环节,以避免某些保险公司在投资资

---

① 曹宏嘉.我国保险资金运用的监管制度研究[D].华东政法大学,2021.

金时规避监管责任。

(二)更新保险资金运用监管制度的理念

首先,我们应该从传统的被动监管思维转变为主动监管,充分利用大数据技术的优势,不断完善监管系统,提升监管技能,从跟进式监管转向前瞻性监管,从人工监管转向系统监管。从传统的监管模式,即先识别问题然后解决问题,转变为一种边创新边监管的新模式。增强监管体系的连通性,更好地掌握保险市场的发展趋势,及时识别投资市场中可能出现的风险,这也有助于更实时地追踪保险投资模式的创新,并制定与实际情况相符的监管标准,以实现监管目标。

接下来,我们需要加强对保险公司在资金使用中的行为的监督,并构建一个持续的监管体系。监管机构需要根据不断演变的内部和外部环境,以及保险业务的持续发展,对其监管策略进行适当的调整和修正。他们需要完善动态的监管体系,对保险公司的不规范投资行为进行迅速干预,旨在降低潜在风险,同时减少投资行为可能导致的损失,并实时监控公司的运营状况,以便及时发现并纠正问题。

二、加强保险资金运用的数据监管

(一)完善保险数据安全保护立法

随着数字经济的持续壮大,无论是保险公司还是监管机构,在使用保险资金的过程中都需要处理大量的数据。数据泄露和隐私问题日益突出,迫切需要通过完善的法律和规章制度来确保数据信息的安全性,全球范围内也在努力完善数据安全保护的相关法规。在过去的几年中,全球众多国家都制定了相关的法律和规章,以确保信息安全和隐私保护得到严格的管理和指导。根据联合国贸易发展组织(UNCTAD)统计,截至2022年2月21日,包括美国、中国、俄罗斯、日本等在内的全球大约80%的国家已经制定或提交了数据安全与隐私保护的相关法律法规或草案。目前我国已经出台了《中华人民共和国网络安全法》《中华人民共和国数据安全法》和《中华人民共和国个人信息保护法》,2018年5月21日银保监会发布了《银行业金融机构数据治理指引》。因此,保险监管机构可以在现有法律规范的基础上,制定适合我国保险行业特点的保险信息保护规范,并对数据保护的具体措施和关键要点实施。我们需要明确信息主体的权益,澄清保险机构对数据使用的明确权限,并为数据的二次使用和交易制定法律标准。为了规范保险公司和相关的监管机构在进行保险资金投资业务时如何使用数据,我们强调保险公司在开展业务时必须将数据信息的保护视为首要任务,并制定了关于内部数据信息保护的相关规定,同时也制定了对可能危害数据安全的违法行为的处罚措施。在未来,监管机构需要加强各种配套制度的建设,适时发布与数据安全保护相关的行政法规、地方法规、部门规章、地方政府规章以及其他规范性法律文件。同时,需要建立和完善从中央到地方的多层次数据安全保护法律体系,并在保护数据安全和鼓励数据开发之间找到一个平衡点,以实现数据价值释放过程中的数据安全均衡治理。

(二)保险资金运用的数据采集规范化

在保险数据收集方面,监管机构有责任强化数据收集的规范化进程。首要任务是,监管机构必须严格履行告知职责。明确地向所有者解释数据采集的具体范围和目标,以及保险公司应当承担的数据安全保护责任。接下来,我们要始终遵循"最小、必要"的准则。在进行保险数据的收集时,必须确保满足监管的需求,避免过度的数据收集。再一次强调,我们必须遵循安全性的原则,明确数据采集机构在确保数据安全方面的职责和义务,并应实施必要的策略,通过层次化的管理来预防数据的泄露。最终目标是建立一个监管数据的自动化收集系统。要运用应用程序接口、系统嵌入等方法实现监管机构和保险公司在数据提取环节的数据实时交互。[1]

(三)制定保险资金运用的数据质量标准体系

在我国金融标准技术委员会的大力推动之下,金融数据标准已经建

---

[1] 张永亮.金融监管科技之法制化路径[J].法商研究,2019(3):127—139.

立,涵盖了主要的金融领域。2018年5月21日发布的《银行业金融机构数据治理指引》第二十条规定银行业金融机构应按照统一的业务准则、技术标准,建立涵盖所有数据的标准化规划,该标准应符合国家政策规定。随着银行业的快速发展,保险行业也应加大对数据标准化的建设力度。我们需要制定标准化和细致化的准则,并进行数据的整合和整顿。为保险公司的系统架构和数据管理制定统一的规范和标准,构建数据质量的评估体系,并周期性地发布关于数据质量的报告以及数据提交的奖励和惩罚机制。此外,我们还对保险公司进行了数据审查,鼓励它们对数据进行修正,以提高数据上报的规范性、时效性、准确性和完整性。

(四)健全保险资金运用的数据共享机制

数据共享构成了监管机构利用大数据工具来对保险资金的投资和使用进行有效监管的核心基础。为了有效地整合和打通现有的数据资源,消除数据孤岛和数据壁垒,我们需要完善数据共享的机制,并提高数据共享的能力。

第一,我们需要构建一个更广泛的数据共享体系,并深化保险公司与政府大数据中心之间的合作关系。第二,基于现有的信息系统数据资源,我们对这些数据进行了深入的整理和研究,确立了数据资源的全面规划,并为保险监管的数据资源交换、共享和开放制定了相应的标准,并实施了相应的政策和措施来确保其实施。第三,数据库软件和底层编程语言之间的不一致性。如果数据格式不一致,可能会遇到数据共享的技术障碍。因此,需要制定基本数据格式的标准规范,以促进数据共享。第四,积极促进数据共享技术的进步。面对当前的大数据和数据孤岛问题,我们需要积极开发数据转换、互操作等数据共享技术,以进一步完善数据共享的机制。

三、创新保险资金运用的数据监管模式和手段

(一)构造保险资金运用的混合监管模式以提升监管效率

机构监管是一种金融监管方法,其目的是履行监管职责,根据不同金

融机构的具体情况，设立相应的监管机构进行独立的监管活动。通过实施机构监管模式，我们可以有效地界定各个行业监管机构的职责范围，从而避免重复监管的风险，确保金融行业持续稳定地发展。功能监管意味着相似的功能应当受到相似的监管规定，不论这些功能是由何种性质的机构承担的，这有助于解决混业经营中的监管归属问题，真正避免"监管真空"的情况，最大程度地减少监管的冲突、重复和重叠，从而提高监管的效率。监管机构不应仅仅关注其所管理的行业内的风险，还应关注同一保险机构在不同的业务操作中所面临的总体风险。

目前，在我国，保险资金的运用监管主要是由政府机构主导的分机构监管，这种监管方式在一定程度上确保了我国金融体系的稳定性。然而，从机构导向的监管模式转向以功能为导向的监管，已经成为当前金融制度改革中的一个显著方向。在2018年，银保监会和保监会进行了合并，这为减少保险资金在使用中的套利机会提供了坚固的组织支撑。然而，在银保监会的内部组织结构中，依然是按照银行和保险业进行分类的，其功能性的监管功能并没有得到充分的发挥。2023年3月，国务院发布了《党和国家机构改革方案》。该方案建议在原有的银保监会基础上成立国家金融监督管理总局，以加强对机构和功能的监管，从而更有效地解决分业监管与保险机构混业经营之间存在的深层次矛盾。

考虑到保险资产的持续增长、多样化的保险投资途径以及金融机构的混合经营模式，我国可以在现有的机构监管基础上，逐步引入功能监管元素和部分功能监管方法。通过将这两种监管策略的优点结合起来，可以实现各自的优势互补，并进一步对险资投资业务进行功能划分，从而构建一个"以机构监管为主导，功能监管为补充"的混合监管模式。

（二）引入穿透式监管以完善保险资金运用的信息披露制度

穿透式监管是一种在保险资金投资信息公开监管中实施的方法，它遵循"实质重于形式"的原则，将资金的来源、中间环节和最终投资这三个环节紧密结合，对险资的使用进行全程监管，明确保险资金的来源和关系，清晰地理解业务和投资行为的实质，缩短风险链，减少系统性风险。

穿透式监管的核心目标是对金融机构和其相关业务进行全面的监督,以消除监管过程中可能出现的缺陷。自2016年的《互联网金融风险转向整治工作实施方案》首次提出"穿透式监管"这一理念后,监管机构已经开始在资产管理和控股公司等多个领域实施穿透式的监管措施。2022年1月,银保监会发布了《银行保险机构关联交易管理办法》,该办法明确了严格监管和穿透性监管的基本原则。它要求按照"实质重于形式"的穿透性监管原则来追踪和监控保险资金的流向,并对关联交易进行识别、认定和管理。银保监会在发布了实施细则和其他相关文件后,应进一步加强对穿透监管管理的规范,确保《办法》得到有效执行。同时,还需要完善与之相关的配套制度,例如跨行业的监管和合作,以不断提高我国保险机构的监管能力,并推动保险行业向高质量方向发展。

保险监管采用了一种穿透式的监管思维,这有助于对技术泛化导致的风险进行即时的检测和审查。利用大数据技术,我们能够挖掘和挖掘那些隐藏在分散的低密度信息中的潜在价值,并揭示大量监管数据背后的真实逻辑。中国的监管机构有能力运用大数据技术来构建一个以电子账户为中心的统一数据信息共享平台,该平台能够对涉及的保险业务、投资、资本布局和资金流向等多个方面的信息和规律进行深入的探索和分析,从而实现对险资投资分配和流动效果的持续跟踪、监控和管理。对保险行业进行深入的监督管理。中国保险监管运用穿透式监管理念,实行穿透式信息披露,能有效应对混业经营及保险创新所带来的风险,从而达到监管效果。[1]

(三)借鉴沙盒机制建立实验室监管模式

实验性监管指的是金融监管机构为了激发金融创新,在新的监管政策发布之前,允许金融公司在监管机构设定的受控环境中进行创新活动,这样可以更好地理解创新行为的性质、收益和风险,并在此基础上制定符

---

[1] 常戈,张艳艳.穿透式监管:内涵、核心与挑战[J].财经智库,2021(5):39-57+146-147.

合行业发展规律的监管政策模式。英国的沙盒制度正是实验性监管方式的经典示例。所谓的沙盒机制,就是将"沙盒"看作是一个真实的保险市场,对"沙盒"的入场标准进行适当的下调,对某些风险指标实施放宽,而对于入选"沙盒"的企业,监管机构则采用更为宽松的管理策略。在这种模式中,被列入"沙盒"名单的公司有资格获得临时的监管豁免,这将加强监管机构与金融科技公司之间的互动,帮助监管部门制定更符合市场规律的新的监管方法、策略和制度,从而提高监管的主动性和应对能力。

我国保险监管机构可以借鉴英国沙盒机制的经验,以中国保险投资的发展特点为基础,立足于发展现状,对创新型保险投资方式的审批、数据保障和信息披露等方面不断探索和创新,构建具有中国特色、具有国际视野的保险监管沙盒制度,从而实现创新和监管之间的平衡。[1]

(四)发展监管科技以提升监管效率

在最近的几年中,随着保险行业的整合和保险技术的进步,保险投资所面临的风险变得越来越难以察觉和复杂。大规模地推进监管科技的发展,并积极地运用大数据技术,以促进保险监管科技的广泛应用,对于提升我国保险行业在资金使用方面的监管效能具有极其重要的实际意义。

首先,我们需要构建一个风险的实时监控系统。传统的事后管理方法很难迅速地识别和应对潜在的风险。我们积极地利用大数据、区块链和人工智能等先进技术,推进实时监测技术的发展,以实现监管流程的自动化和智能化。这使得保险公司能够迅速地识别业务中的风险数据,并在第一时间将其上报给监管机构,从而能够及时地针对这些风险采取相应的措施和解决方案。接下来,我们要推进监管数据处理的技术进步。充分利用监管人员的专业知识和实践经验,从多个维度、多个角度和多个层次去深入研究和分析数据信息,以便全面了解行业和保险机构在进行风险投资时的基础状况和潜在风险。鼓励监管人员在分析模型中引入外部相关数据,并对风险点的查找范围和分析方法进行创新,或者通过分析

---

[1] 张淋.数字经济时代中国保险监管创新研究[D].广西大学,2022.

模型导入外部相关数据,以扩大风险点的监测范围。再一次强调,我们需要完善包括非现场监管信息系统、分析系统和客户风险统计系统在内的多个信息系统和平台,以实现监管数据平台的集成功能,实现数据源的畅通和融合,并在数据整合完成后提供相应的服务。最终,监管机构、保险机构和监管科技公司三方需要加强合作,监管机构应同时考虑内部和外部的激励措施,做好人才的部署工作,鼓励监管科技公司积极进行研发,打好发展监管科技,提高监管的质量和效率的组合拳。

(五)保险资金运用监管中发挥行业协会的作用

行业协会通过拟定协会公约来限制其会员行为,这在推动行业进步方面起到了至关重要的角色。我们应当最大化地使用行业自律组织的信息系统,以建立一个保险资金使用的风险识别和评估体系。目前,我国的保险自律组织已经建立了若干信息化的监管平台,例如中国保险行业协会已经创建了数据交流平台,而中国保险资产管理协会也建立了产品登记系统和交易系统,这些都为我国保险资金的风险评估、预警和监督体系的建设提供了坚实的基础。未来,中国保险行业协会和其他保险行业的自律组织将作为"软性监管机构",协助相关监管部门建立完善的数据信息系统,加强风险监控,推动行业机构打通数据通道,开放数据孤岛,形成共享信息的机制。推动保险相关机构加强信息公开,以便为中国的监管当局提供更为稳固的数据和信息支持。充分利用指导功能,指导保险公司在资金使用过程中规范其投资行为,解决保险资金投资市场的混乱现象和新业态监管的遗漏等问题。只有当外部的监管与行业的自我约束紧密结合并相互补充时,我们才能为保险行业创造一个有序的监管氛围,从而提高监管的效果和效率,进一步推动保险业的规范化和持续发展。

第六章　大数据赋能社会医疗保险欺诈风险识别与防范的理论与实践

第一节　概念界定及理论基础

一、概念界定

(一)社会医疗保险相关概念

1. 医疗保险

医疗保险是指由特定的组织或机构经办,通过带强制性的政策法规或自愿缔结的契约,在一定区域的一定参保人群中筹集医疗保险基金,在参保人(被保险人)因疾病而导致健康和经济损失时对其进行经济补偿的一系列政策、制度与办法。[1]

医疗保险的目的是将所有参保人员支付的保险费用集中起来,创建一个医疗保险基金,并在医疗保险合同所规定的赔偿范围内对所有医疗费用进行赔偿。该理论以相互帮助和风险共担为其核心理念,旨在防止公众因生病而承受沉重的经济负担,进而确保生产效率,推动社会经济向前发展,并保持社会的稳定性。

2. 社会医疗保险

在社会医疗保险的众多定义里,以下几种定义具有显著的代表性:

第一个定义是,社会医疗保险是一种通过对国民收入的分配和再分配,形成专门的医疗消费基金,以对劳动者因病治疗导致的经济损失提供

---

[1]　程晓明.医疗保险学[M].上海:复旦大学出版社,2010:7.

一定的补偿的保险保障制度。

另一种观点是,社会医疗保险是一个由国家、组织和个人共同承担医疗保险费用,并通过国家法律建立医疗保险基金的社会保障体系。当个人因受伤或疾病就医导致经济损失时,医疗保险机构会提供相应的费用补偿或提供医疗服务。

第三个定义指出,社会医疗保险的目的是在法律允许的范围内,为居民提供部分或全部的疾病预防和治疗费用,以确保他们在治疗过程中没有经济来源,并为他们的基本生活提供必要的保障。

通过分析比较上述不同定义,可以将社会医疗保险简单定义为由国家负责建立的,为所有因疾病和非因工负伤而丧失劳动能力的公民或社会工作者的治疗和生活提供物质援助的一种社会保险制度。[①]

3. 社会医疗保险与商业医疗保险的区别与联系

(1)区别

虽然社会医疗保险和商业医疗保险都旨在为被保险者的健康状况提供必要的保障,但两者在本质上存在显著差异。因此,本研究的焦点主要集中在社会医疗保险上,并认为有必要对这两种保险进行明确的区分,这些区别主要表现在几个关键方面:

首先,这两者在基础属性上存在差异。社会医疗保险是一个由政府发起并具有法律约束力的公共福利项目,所有的雇主单位都应当按照法律规定参与其中;商业医疗保险具有明确的商业属性,由保险公司运营,主要目标是盈利,投保人可以根据自己的需求选择是否购买保险。

其次,两者在保险费的募集方法上有着显著的不同。社会医疗保险的保险费用是由国家、各单位和个人共同承担的,其中个人需要按照一定的工资比例缴纳;在商业医疗保险中,所有的保费都是由被保险者来支付的。

最后,两者在保障水平上有着显著的不同。鉴于社会医疗保险为参

---

① 陈滔,叶小兰,方辉军.社会医疗保险[M].成都:西南财经大学出版社,2019:6—7.

保人提供的保费相对较低,这意味着它为参保人所提供的医疗保障仅仅是最基本的,其保障水平并不高;商业医疗保险是基于个人的自愿选择而建立的,参保人可以根据自己的实际需求选择购买不同种类和不同金额的商业医疗保险。缴纳的保费越高,所获得的保障也就越强,因此商业医疗保险的保障水平通常高于社会医疗保险。

(2)联系

首先,确保的内容大致一致。不管是社会医疗保险还是商业医疗保险,它们都旨在为因疾病导致的人员伤亡或经济损失提供某种程度的经济赔偿。

其次,保障的水平是相互补足的。社会医疗保险旨在为大众提供基础的医疗保障,而商业医疗保险则是在这一基础之上增加了额外的保障措施,以确保参保者能获得足够的经济赔偿。

正因为社会医疗保险与商业医疗保险在某些方面存在相似之处,它们都是医疗保险的一部分,所以在研究社会医疗保险的反欺诈策略时,我们可以将商业医疗保险的反欺诈措施应用于社会医疗保险,从而更有效地保护国民的医保基金。

(二)社会医疗保险欺诈相关概念

1. 保险欺诈与保险诈骗

20世纪90年代初,在蒙特利尔举办的保险学术会议上,保险欺诈定义被正式阐述,即"保险欺诈是由投保人或被保险人出于不正当目的,故意利用保险合同谋取利益的行为"[1]。中国保险业标准化技术委员会将保险欺诈概念理解为投保人、被保险人或者受益人在没有发生保险事故的情况下,为了谋取非法收益而谎称事故发生,或者故意制造事故,夸大事故引发的不良后果,最终向保险人提出赔付请求的行为。[2]

保险诈骗属于法律专业用语。20世纪90年代中期,《关于惩治破坏

---

[1] 孙晓芳.机动车辆保险反欺诈的大数据智能化研究[D].浙江大学,2019.
[2] 全国保险业标准化技术委员会.北京:中国财政经济出版社[M].2009:49.

金融秩序犯罪的决定》正式针对保险诈骗进行定罪；两年后，《中华人民共和国刑法修正案》将保险诈骗罪收入其中，至此，司法机关对保险诈骗活动进行惩治有了法律依据。

综合考虑，保险欺诈和保险诈骗虽然是两个独立的概念，但它们之间确实存在某种程度的相互关联。保险诈骗是保险欺诈行为的一部分，简单来说，它是一种保险欺诈行为，但其不良影响范围相对更广，已经违反了相关的法律和法规。

2. 社会医疗保险欺诈

关于医疗保险欺诈，在国际上，美国国务院公共与卫生服务部认为医疗保险欺诈指是当事人故意提供虚假信息，目的是给自身或他人创造非法收益。[①] 尽管在美国的法律体系中，欺诈被视为违法和犯罪，但从严格意义上讲，医疗保险欺诈并不能完全涵盖所有的医疗违规行为，例如医疗资源的浪费和不当使用等。从美国的医疗欺诈法律实践中，我们可以观察到，当我们从法律的视角去解释医疗欺诈的定义时，很多的医疗违规行为可能并不在我们的监管范围之内。

简单地将医疗保险的欺诈行为定义为犯罪，并不能对其他医疗违规行为进行处罚，美国的相关立法经验表明，如果通过立法明确医疗保险欺诈的定义，就会产生很多不在法律范围内的医疗保险违规行为。因此，美国的医疗保健机构通过使用"不正当支付"这一术语来界定医疗违规行为的范围，并有能力覆盖所有这些不合规的行为。从欧美各国在反欺诈方面积累的经验来看，随着信息技术的不断进步，医疗保险的欺诈手段也在持续创新。单纯地根据欺诈的来源或方式来定义是不够的，还需要根据实际情况作出相应的调整。

在我国，目前的法律和政策文件中并没有明确定义社会医疗保险欺诈，但是各个地方政府制定的相关管理方案已经介绍了社会医疗保险欺诈的定义。天津市社保基金中心的课题组指出，医疗保险欺诈是指违背

[①] Advancing the health, safety, and well-being of our people: HHS budget prospective, [EB/OL] (2013-04-18] http://www.hhs.gov.

了相关的法律和法规,通过制造保险事故等手段,欺骗医保基金和福利待遇的行径。《临沧市社会医疗保险反欺诈暂行办法》明确指出,医疗保险欺诈是指公民、法人组织或其他团体在参与医疗保险和支付医疗保险费之后,通过不正当手段骗取医疗福利待遇的一系列行径。《云南省医疗保险反欺诈管理办法》明确指出,医疗保险欺诈是指公民、组织或法人在参与医疗保险、支付医疗保险费或享受医疗保险待遇的过程中,故意编造事实、制造虚假信息或隐瞒真实情况,从而导致医疗保险基金遭受损失的行为。

总的来说,社会医疗保险欺诈是指公民、法人或其他组织违反医疗保险管理的法规和政策,采取伪造、隐瞒、虚假报告等方式来掩盖事实,欺骗社会医疗保险基金或待遇的行为。社会医疗保险欺诈的主要特征有以下几点:

(1)作案人员众多

社会医疗保险的欺诈行为不仅仅是由患者、医生、社会违法人员等外部人员实施的,还包括医保经办人员等内部人员,有些甚至是通过内外勾结来共同实施欺诈行为。犯罪行为既包括个体犯罪,也涵盖了团体犯罪。

(2)作案手段繁多

病人经常采用的欺骗方式是:冒用他人的社保卡进行就医;利用医保卡进行开药后再进行转售;提供虚假的票据信息等。

雇主经常采用的欺骗方式包括:伪造雇佣关系,提供不真实的劳动合同,并为不满足条件的员工支付医疗保险;提供不实的缴费信息,例如工资伪造、需要参保的员工数量伪造等。

医保处理机构和工作人员经常采用的欺骗方式是:更改参保者的医疗资料;为那些审核未通过的人提供医疗保险基金的支付;虚假列出、虚假报告、夸大支付项目,并协助他人获得不合规的医疗保险基金等。

药店经常采用的欺诈策略包括:根据医保药品的规定销售不在医保覆盖范围内的药物,并协助参保者非法使用医保卡来获取现金等行为。

医疗机构和医务人员经常采用的欺骗方式包括:提交不真实的医疗

记录,例如病历、处方、实验室测试结果和疾病诊断证书等;发布不真实的住院床位信息,这包括不实的住院和挂床住院等情况;伪造不真实的医疗费用证明等。

(3)社会危害性大

社会医疗保险制度的建立旨在确保广大人民的身体健康,这一制度在推动和谐社会建设和实现中国梦方面起到了极为积极的影响。医保基金被视为人民的生命之资,它涉及我们每个人的核心利益。然而,社会医疗保险中的欺诈行为对医保基金的安全构成了严重威胁,这不仅影响了该制度的正常运作,还损害了每位参保人的权益,从而可能导致社会不平等,引发新的社会问题。这种情况对于我国建设和谐的社会主义社会是非常不利的,因此,我们必须采取措施来预防并严厉打击这种行为。

二、理论基础

(一)基于信息不对称理论

信息不对称理论指出,在市场经济环境下,不同的参与者从各种不同的事物中获取的信息量是有差异的。在大多数情况下,卖方所掌握的商品信息明显多于买方,并且卖方能够通过分享他们所掌握的信息从市场中获益。相较之下,掌握信息较少的一方常常会对另一方产生依赖,从而处于被动的位置。因此,掌握的信息量越丰富,就越有可能在市场交易中获得优势地位。

在商业医疗保险市场中,信息不对称主要表现为道德风险和逆向选择,而在社会医疗保险领域,由于投保具有强制性特点,因此信息不对称主要表现为道德风险。考虑到我国当前的发展情况,我们还没有建立起一个完善的社会信用体系,同时,医疗体系也存在缺陷,这导致了道德风险的产生,这些风险主要来自医疗机构和参保人员。

1. 医疗机构的道德风险

医疗机构面临的道德风险主要表现为,在信息不对称的环境中,医疗机构和医生利用他们所掌握的信息优势,采用各种方式为自己谋求私利,这对医保基金的运营效率产生了巨大的负面影响。为了追求最大的经济回报,医疗机构需要持续扩大医院的规模,购置先进的医疗设备,增强人才的吸引力,并提高医疗服务的质量。然而,由于政府的财政能力有限,对这些机构的支持并不足够。因此,医疗机构选择通过提高医疗费用来满足其发展的需求。个别医生直接与患者进行沟通,目的是实现医院规定的各项指标任务,通过对患者进行需求诱导,并通过延长住院期限、增加检查项目和开更多药物等方式来获取医保基金。

2. 参保人员道德风险

道德风险在参保人员中主要表现为,部分人在接受医疗服务的过程中,更倾向于选择高质量和高成本的服务,或者为了追求个人经济利益而进行欺诈行为,这些都可能导致保险基金的运营效率长时间维持在一个相对较低的水平。

一旦参保人员成功完成了保险,由于他们在医疗方面获得了一定的保障,通常不会采取积极的预防措施来避免疾病的发生。但是,一旦他们生病就医,医疗保险通常会给予他们大部分的经济补偿。这种情况在某种程度上提高了发生保险事故的可能性,最后导致医保基金遭受重大损害,这也被视为事前的道德风险。

当参保者支付了保险费后,如果他们生病,那么他们所支付的医疗费用将远远低于他们所获得的医疗服务的费用。从这个视角来看,参保者有足够的理由不主动减少医疗开销,并且他们更倾向于选择那些费用较高且服务质量上乘的医疗机构,例如选择专家门诊进行挂号等;此外,个别医生还可能诱导他们购买价格更高的医疗服务,这种做法可能会对医保基金造成损害。

(二)基于公共产品理论

基于公共产品的理念,在公共管理的范畴内,物品可以根据其在消费和使用过程中的竞争性和排他性被分类为私人物品和公共物品两大类。非竞争性意味着用户在使用物品的过程中,不会拒绝他人对该物品的使用;非排他性意味着不能将那些拒绝支付费用的人排除在该物品的受益范围之外。公共物品可以分为纯公共物品和准公共物品,其中准公共物品分为排他性和拥堵性两种类型。所指的排他性公共物品是指在规定的使用范围内,公共物品具有非竞争性,但是如果超出这个范围,就不能继续使用该物品。

本研究认为,社会医疗保险基金是一种排他性的公共资产,由政府主导管理。从产权的角度来看,它是由政府控制的,但其使用权则属于那些已经支付了保费的参保人群。换言之,社会医疗保险基金作为一种准公共产品,其提供者是社会医疗保险基金的专门管理机构,而需求方则是所有的参保对象。社会医疗保险基金的财务状况直接影响其运营状况。为了确保社会医疗保险基金的安全运作,合理地在安全范围内使用医保基金是至关重要的。当基金有收支盈余时,这一盈余不会对新加入的用户产生任何不良影响,其边际成本几乎为零;然而,当社会医疗保险基金的支出超出其收入时,新加入的用户的边际成本会急剧上升。在这种情况下,部分参保人员的合法权益可能会受到严重的损害,因此,社会医疗保险已经转变为具有排他性的公共资源。因此,社会医疗保险基金的财务平衡对于确保社会医疗保险的稳定和安全运作起到了关键作用。社会医疗保险作为一种准公共产品,其固有的非竞争性和排他性特质为欺诈行为的出现创造了条件。

(三)基于机器学习理论

伴随着大数据技术的持续进步,机器学习和深度学习等算法已经进入了快速应用的阶段。机器学习作为一种能够自我进化和动态升级的大数据技术,其性能明显优于自动化处理和固定算法等基础人工智能,因此在提高医疗保险反欺诈能力方面具有很高的商业潜力。现阶段,机器学习的技术手段能够在某种程度上辨识出保险欺诈的行径。更具体地说,我们首先为目标构建了相应的模型,接着提取了欺诈识别的关键因子,并采用算法来量化评估索赔案件中的欺诈风险程度,这种方法能显著提升欺诈风险识别的准确率和工作效率。机器学习的算法主要可以划分为有监督学习和无监督学习两大类,其中有监督学习的算法涵盖了线性回归、逻辑回归、神经网络、SVM和决策树等技术；在无监督学习的算法体系中，我们可以找到聚类算法和降维算法等多种方法。

由于决策树算法具有相对简洁的结构和较低的理解难度，因此它在多个领域都有着广泛的应用。从深层次分析，决策树算法与数据结构中的树状结构有许多相似之处。不同的节点代表着各自的属性字段，并根据属性的重要性对每个节点进行排序，同时，这些节点的分类结果都是通过叶子节点来呈现的。在构建节点的过程中，数据集的特性是一个关键的考量点，这使得决策树能够有效地处理含有噪声的数据。随机森林是由多个决策树的分类器组合而成，它们的输出类别取决于每棵树输出类别的众数。与单一决策树相比，随机森林的预测能力更为出色。因此，接下来的研究将采用随机森林来构建模型。

Boosting不仅是一种具有高度功能性的学习方法，还能进行有组织的分类式学习。该系统通过将多个弱分类器融合为一个强大的分类器，并在不同任务中应用基础的机器学习算法。每一种算法都会生成一个弱规则，经过多轮迭代后，它能够生成一个强大的决策规则。最后，将这些输出的弱学习器整合为一个强学习器，从而提升模型的整体预测精度。Boosting算法的基础可以是各种算法，其中最著名的三种算法是：AdaBoost、GDBT、XGBoost。

逻辑回归，也被称为logistic回归，是一种具有广泛意义的线性回归分析方法，它在数据挖掘和经济预测等多个领域都有显著的应用。逻辑回归不仅适用于连续的变量数据，还可以用于分类变量数据，其应用的范围并没有太多的限制。

随着机器学习技术的不断进步，反欺诈的智能风控模型也日益完善。这种模型不仅可以更准确地识别关键的风险因素，提高数据分析和风险定量的能力，还能更好地评估和应用欺诈规则。在面对未知的新型风险和欺诈手段时，它还能发挥智能预测和自主免疫的功能，不仅可以满足多层次的风险防控需求，还可以为医疗保险理赔流程提供安全保障，更有效地识别医疗保险领域的欺诈行为。

第二节　社会医疗保险欺诈的风险识别

一、社会医疗保险欺诈的类型及典型案例

从社会医疗保险欺诈的特点来看,它不只是涉及大量的犯罪主体,其作案方式也是多种多样的。本研究按照欺诈行为的主体进行了分类,大致可以划分为四种:由参保人单独进行的医保欺诈;由医疗服务机构或医保经办机构实施的医保欺诈活动;医保欺诈行为是由参保人与医疗服务机构联合进行的;由第三方机构进行的医疗保险欺诈活动。

(一)参保人实施的医保欺诈行为

通常情况下,可以将参保人单独实施的医保欺诈行为分为以下几种类型:

第一类是通过伪造医保报销手续等欺诈行为,获取不正当的医保基金。该欺诈行为出现的频率较高,如 2019 年 11 月,刘某某向黑龙江哈尔滨医保中心提交申请,要求报销用于支付医疗服务的相关费用。在具体的核查过程中发现该申请人所提交的病历涉嫌伪造,医保中心即向市医疗保障局提出处理申请,在经过反复核查后最终确认该申请人屡次通过伪造病历的方法骗取医疗保险基金,所涉及金额为两万多元。市医保局依据《中华人民共和国保险法》相关条款,要求该申请人对该笔款项予以退回,同时提交公安机关予以相应的处罚,被告人以诈骗罪被判处十八个月的有期徒刑,并处罚金三万元。[①]

第二类是就医过程使用他人医保卡,或者将医保卡提供给他人进行使用等。如 2020 年 6 月,为深入核查医疗保险欺诈事件,福州市医疗保障局组织相关部门共同开展了一系列专项检查,由此发现被告人江某故

[①] 案例来源:国家医疗保障局 http://www.nhsa.gov.cn/art/2022/2/27/art_74_7848.html

意隐瞒父母离世信息,未按照相关规定对其医保卡予以注销,仍采用冒领代刷等手段频繁使用父母的医保卡进行结算,在仅一年的时间内结算共百余次,所涉及的相关总额达到数万元。后市医保局对其行为进行了起诉,要求其对该笔款项予以退回,并判处被告人江某九个月的有期徒刑及一定数额的罚金。①

第三类是使用医保卡购买药品,以低价转卖给他人的方式获取不法利益。自2014年开始,被告人赵某在长达六年的时间里,不断地利用自己的医保优惠政策来虚开药品,并为了个人利益将药品转卖给他人,这导致了国家医保基金遭受了巨大的经济损失,涉及的金额大约为数十万元。针对该事件,法院经过审理后认为,被告人经常利用其医保优惠政策,以非法占有为目的,通过虚开药品和转卖等手段进行医保欺诈,这不仅对国家利益造成了严重损害,同时也对社会公众的合法利益造成了一定程度的侵害。因此,该行为应根据诈骗罪进行判决。对此,法院作出了如下判决:判处被告四年六个月的有期徒刑并处五万元罚款。②

(二)医疗服务机构或医保经办机构实施的医保欺诈行为

医疗服务机构的欺诈行为具体包括以下两类:

首先,对于指定的医疗机构来说,他们经常进行的欺骗活动包括:编造不存在的医疗服务,通过提供虚假的病历或开具不真实的发票等手段,非法获取社会医疗保险基金;将个人应负担的医疗开销转移到医保报销的覆盖范围之内;为那些未获得医保福利的人提供医疗保险的优惠服务;将那些不在医保报销范围内的医疗项目和药物纳入医保报销的覆盖范围。以2021年4月为例,山东某医院在进行医保报销的专项核查时,发现了多项严重的违规和违法操作,这导致了国家医保基金遭受了巨大的经济损失。该行为主要涉及以下几个方面:伪造病历、治疗与收费项目之间存在显著差异、报销项目混乱且重复报销、药品账务存在严重偏差等。

---

① 案件来源:国家医疗保障局 http://www.nhsa.gov.cn/col/col74/index.html
② 案例来源:最高人民法院微信公众号 https://mp.weixin.qq.com/s/cM0mrXbF7-QirSBJmO15FQ

在不足一年的时间里,成功骗取了高达十多万元的医疗保险总金额。针对这一现象,当地医保部门在遵循相关规定的基础上,要求该医院足额返还诈骗金额,同时严肃处理所涉及的医保医师,并按照规定取缔其医保服务资格,同时移交公安部门展开进一步惩处。①

其次,对于指定的药店来说,他们经常进行的欺诈活动包括:不合规地使用医保卡,允许持卡人用医保卡购买非医疗药品,例如日常生活用品等;提交不实的票据或出具不实的发票等行为;协助保险参与者进行各种价格的物物交换。例如,江西省某市区的人民大药房在2017年至2018年期间进行了某些活动,但监管机构发现,其医保系统记录的销售额与实际的产品销售额存在明显的不匹配,并且还涉及随意更换医疗药品的非法行为。当地医保部门经过多次研究,决定向其追讨违法销售资金共计近五万元,暂停与其签订的医保服务协议三个月。②

医疗保险处理机构进行医保欺诈的行为主要分为两大类:一类是为了不满足规定的报销要求而进行的报销;第二类是为那些不满足标准的员工提供报销服务。在某些特定地区,医保经办机构与定点医院合作,共同进行医保基金的欺诈活动。如2013年8月至12月期间,在江西某地,被告人章某利用其劳保所所长的身份便利,让其下属的社区医保专管员以组织辖区内居民免费体检的名义,大量收集居民医保卡,并通过伪造病历、编造治疗费用等方式,累积非法获取医疗保险基金共计八万余元,最终导致社会医疗保险基金流失三十多万元。③

(三)参保人和医疗服务机构共同实施的医保欺诈行为

当参保人与医疗服务机构合作进行医保欺诈时,这通常指的是定点医院与参保人合作,伪造不真实的医疗文件和其他报销流程,从而欺骗医

---

① 案例来源:国家医疗保障局 http://www.nhsa.gov.cn/art/2021/12/14/art_74_7476.html

② 案例来源:国家医疗保障局 http://www.nhsa.gov.cn/art/2019/1/25/art_74_3188.html

③ 案例来源:南昌市中级人民法院 http://nczy.chinacourt.gov.cn/index.shtml

保基金的行径。这种类型的具体操作包括：首先，定点医院与患者合作，对那些不在医保覆盖范围内的药物进行费用报销；其次，指定的医疗机构通过向病人提供不实的发票，共同欺骗医保基金。例如，在调查过程中，我们发现许多医疗机构采用付费雇佣病人住院的策略来欺骗医保基金，并在事后为参与者支付相应的报酬。

(四)第三方机构实施的医保欺诈行为

2021年7月，深圳市医保局发现某制药有限公司相关工作人员涉嫌通过篡改肿瘤患者的基因检测结果骗取医保基金。[①] 基因检测的结果成为评估肿瘤患者是否适宜使用固定靶向药物的关键依据。对于同一疾病的不同患者，在进行基因检测或免疫组化处理后，需要确定最合适的靶向药物。然而，许多医疗机构并没有基因检测的专业能力，通常是通过外包的方式进行操作，这种做法不可避免地延长了整个就诊过程。由于涉及了新的第三方参与者，因此也催生了一系列新的欺诈和保护行为。这个案例也揭示了，随着带量采购、税务稽查、两票制、信用评价制度和医药反腐等多项政策的不断推进，利用回扣来促进药品销售导致的"显性"医保基金浪费现象正逐渐失去其存在的空间。此调查意味着，由于虚假营销和误导营销导致的"隐形"医疗保险基金浪费将成为医保基金监管的焦点。因此，医保基金在监管方面需要采取更多的措施，并在未来的监管活动中加大对这类行为的处罚力度。

二、社会医疗保险欺诈风险的成因分析

社会医疗保险的欺诈行为是一个复杂的社会现象，由多种因素共同导致。以下将从主观和客观两个方面来分析其原因，其中主观原因主要是从个人，即参保人的角度来分析的，而客观原因则是从制度和行业两个层面来分析的。

---

① 案例来源：国家医疗保障局 http://www.nhsa.gov.cn/art/2022/1/29/art_14_7818.html

(一)主观原因

1. 参保人认识不清

大量的社会医疗保险欺诈事件主要是因为保险参与者对医保制度的具体内容了解不足,没有意识到他们的行为构成了犯罪。正如前文提到的,有些参保人将自己的医疗保障卡借给他人使用,但这些参保人并没有意识到这种行为可能对自己甚至国家造成的危害。他们认为,既然自己的医保卡目前处于闲置状态,不如将其交给他人使用,这样他们还可以从中获得利润。正因为这样的做法,国家医保基金可能会遭受损失,这将导致我们每一位保险参与者都需要承担相应的经济责任。

2. 经济利益的驱动

在市场经济的背景下,由于经济利益的推动,社会上普遍存在着拜金主义和以个人为中心的违法犯罪观念。受到这种观念的影响,有些人可能会采取不正当手段,为自己或团体谋求不正当的利益。具体的情况是,部分欺诈者持有侥幸心态,他们认为自己的欺诈行为是法律漏洞的体现,因此相关的监管机构很难发现或被发现,即便被发现,也不会实施严格的处罚,这使得他们在心理上持有一种漠不关心的态度;有些欺诈者因为想要占小便宜,错误地认为只要支付了保费,就应当获得相应的医疗保险,而不考虑他们是否真正满足报销的标准;还存在一些来自社会边缘群体的欺诈者,他们的家庭经济状况相对较差,由于高昂的医疗费用,他们面临巨大的经济和心理压力。这种双重压力促使他们走上了欺骗医保基金的道路,并将此行为视为一种心理释放和经济补偿。

(二)客观原因

1. 制度成因

(1)社会医疗保险制度的原因

第一,社会医疗保险支付制度存在问题。社会医疗保险实施的是第三方支付机制,这一操作中潜藏着某些道德上的风险。第三方付费制度的核心思想是,患者在接受医疗服务时产生的所有费用都应由第三方处理机构承担,而不是由个人支付。这一制度有助于社会医疗保险的费用进行整体规划,从而减少支付高额费用的风险,但同时也为医疗服务的供应和需求双方埋下了潜在的道德风险。由于第三方医保管理机构的介入,医疗保险关系涉及三个不同的参与者:保险方、医疗机构和患者。这三方追求的利益是不同的,甚至可能会产生冲突。对患者而言,第三方付费机制的存在使得他们在享受医疗服务时,更多地关注如何获得高质量的医疗服务,而不是经济因素,这也意味着他们更倾向于选择价格更高的治疗方法;对医疗机构而言,特别是那些非公共服务性质的机构,它们的主要目标是利用其专业知识和市场垄断优势,以实现最大的经济收益。因此,医疗机构作为医疗服务的提供者,没有充分的理由拒绝为高价的患者提供服务,这导致在社会医疗保险的框架内,患者与医疗机构之间的利益日益接近,从而为欺诈保险创造了机会。

第二,社会医疗保险给付标准失衡。在现行的社会医疗保险报销制度中,住院和门诊都可以按照特定的比例进行报销。但是,门诊的报销额度相对较低。在实际的就医过程中,尽管住院的医疗费用较高,但患者可以获得的报销金额却更多,而他们需要支付的金额则相对较少。这种情况导致了很多原本可以通过常规门诊获得解决方案的患者更倾向于选择住院治疗。对于医疗机构而言,当住院人数增多时,他们从医保基金中获得的收益也随之增加,因此,医院有时会选择将那些不满足住院标准的病人纳入住院治疗。在这一过程当中,病人和医疗机构都获得了相应的经济利益,然而医疗保险基金却遭受了损失。

(2)监管制度的原因

第一,监管主体不明确。目前,我国的社会医疗保险种类繁多。在2018年,我国进行了国家机构的改革。在此之前,社会医疗保险的管理方式是分散的,由多个部门独立管理,并没有一个统一的管理体系。国家发展改革委负责药品和医疗服务的价格,人社部主要负责城市职工和城市居民的基本医疗保险,而卫健委则负责新型农村合作医疗保险的管理。由于各个部门间的联系不足,互不归属,以及管理方案的不一致性,这样的管理体制很容易导致权责不明确和监管存在漏洞等问题。举例来说,

第六章 大数据赋能社会医疗保险欺诈风险识别与防范的理论与实践

医院的运营是由卫健委负责管理的,而医保基金则是由医保部门管理的,在这种分开管理的模式下,很容易引发医保欺诈行为。在 2018 年以后,医疗管理机构经历了一系列的改革。国家对这些相关机构的职责进行了整合,并成立了国家医保局。此外,还设立了监管司来对医保基金进行监督,确保社会医疗保险的监管权限得到统一。然而,关于改革后的实际效果、内部职责分配的合理性、相关的法律和法规的完备性,以及团队建设的合格性,这些都需要在未来的发展中进行进一步的验证。

第二,监管审核人员综合素质不高。在某些地区,医疗保险部门的监督机制并不完善,尽管缺少高质量的专业人才,但仍然需要对数百家指定的医疗服务机构和数百万的保险参与者进行监管,这无疑增加了监督的复杂性,并导致了监管的效率降低。在医保基金的审核流程中,不仅需要具备高度的专业技能,还需要拥有相关医学和财务背景的多才多艺的人才。然而,在实际操作中,这类人才是难以轻易找到的。医疗机构和参保人员通常具有很高的主观能动性,他们能在细微之处运用外行人难以察觉的手段来进行医保欺诈,从而轻易地欺骗监管机构。

(3)法律制度的原因

在立法方面,从 2014 年起,《中华人民共和国刑法》已将非法骗取保险基金的行为列入其中,并以诈骗罪定刑,但现阶段还没有出台与之配套的法律法规,在量刑标准上也没有制定详细标准。在实际操作中,诈骗罪并没有覆盖所有形式的欺诈和骗保行为,它主要针对的是自然人。然而,对于单位集体进行欺诈和骗保的情况,存在一定的法律漏洞。同时,关于欺诈金额的起刑点也存在争议,这导致了一些可能威胁医保基金安全的行为很难受到法律的制裁。

2. 行业成因

(1)部门间信息不共享

在当前阶段,我国的社会医疗保险欺诈防范工作主要由医保部门来负责管理,然而,这些欺诈行为大多发生在指定的医疗机构内,并由卫生和健康部门来进行监管。卫健部门与医保部门之间存在信息不互通的问题。例如，医保部门主要负责管理医保相关的费用和报销数据，而卫健部门则主要负责管理居民的健康档案和电子病历等系统。由于各部门的管理系统相互独立，平台没有统一，导致管理标准无法统一。同时，为了确保信息的安全性，防止信息泄露，各部门通常不会考虑建立信息共享机制。因此，当出现医保欺诈行为时，医保部门不能立即发现存在的问题。

(2)医院和定点零售药店

随着医院逐步摆脱其公益性质，追求盈利已经变成了其主要的经营目标之一。为了追求更高的经济回报，一些医院开始考虑使用医保基金，他们通过伪造医疗记录和收取回扣等手段非法获取医保基金，导致医保基金遭受重大损失。与医院相比，定点零售药店具有更高的商业价值，甚至可以说是毫不逊色。有报道指出，部分药店为了吸引客户和提高营业收入，允许客户使用医保卡刷卡来购买店内其他非医保目录所列的商品，这种做法对我国的医保基金构成了严重的威胁。

三、大数据背景下社会医疗保险欺诈风险识别因子提取

为了准确地鉴别欺诈行为，建立一个社会医疗保险欺诈风险的识别因子体系是至关重要的。本部分基于真实的社会医疗保险资料，并结合前文描述的社会医疗保险欺诈的各种形态和特点，依据实际经验初步建立了一个社会医疗保险欺诈检测的指标框架。这一部分首先对社会医疗保险的数据进行了简要概述，基于这些数据探讨了当前可获得的关键指标，接着阐述了如何选择欺诈风险的识别因子。最终，将从多个视角选择的指标整合为社会医疗保险欺诈风险的识别因子体系。

(一)社会医疗保险数据

1. 数据介绍

这里研究数据是基于"阿里云天池大数据竞赛"中的"全国社会保险大数据创新大赛"公开发布的资料。这组数据代表了某社会医疗保险中心在其日常运营中的实际情况，为本书提供了宝贵的参考依据。在2016年7月至12月期间，全国部分地区的20000名参保人员在456家医疗机

构的社会医疗保险就医结算脱敏数据和费用明细信息构成了统计样本。这些数据主要涵盖了参保人员的医疗费用记录、费用明细和欺诈标签等相关信息。该数据是由三个不同的系统提取生成的数据集,具体如下:

(1)df_train 数据集:对象包括 20000 名患者,就诊记录共 1830386 条,共计 69 个字段,主要包括药品费、检查费和治疗费等款项的明细数据和交易时间等信息。

(2)df_id_train 数据集:该数据集是上一数据集的标签(包含两个字段,"个人编码"和"是否欺诈"),即对这 20000 名患者是否存在欺诈行为进行标注,若存在欺诈行为则标记为 1;不存在欺诈行为则标记为 0。其中标记为 1 的有 1000 人。

(3)fee_detail 数据集:该数据集是医疗费用明细数据,是对第一个数据集的补充,数据内容主要为三目统计项目的费用明细。三目项目包括药品类、检查类、诊疗类、手术类、床位类、医用材料类、挂号和输血类。

2.数据集间的逻辑关系

df_train 数据集根据"个人编码"这个字段的不同统计出共有 20000 人的数据,而 df_id_train 数据集则给不同"个人编码"的人进行标注,若存在欺诈行为则标注为 1,不存在欺诈行为则标注为 0,因此可以通过"个人编码"这个字段将这两个数据集整合起来。

df_train 数据集中每条记录都有不同的"顺序号",而 fee_detail 中的每一条记录都代表一次消费诊疗记录,可以"顺序号"为基础,将这两个数据集进行整合。

(二)社会医疗保险欺诈行为识别因子的提取

为了有效地识别社会医疗保险中的欺诈行为,有必要提炼出尽量多的有效欺诈识别元素,从而构建一个全面的欺诈风险识别因子体系。因此,基于对相关文献的深入阅读,结合社会医疗保险欺诈风险的各种特性和类型,以及本研究所使用的数据集中的变量特点,我们从医院、个人和个人与医院的结合三个维度出发,提取了欺诈的关键因子,并详细解释了这些因子的提取原因和方法。

1. 医院特征

医院的系数主要分为两大类,分别是就诊时的欺诈系数和报销时的欺诈系数。在这之中,就诊欺诈系数描述的是各医院欺诈事件在总就诊次数中所占的比重;所谓的报销欺诈系数,是指医院欺诈报销的费用在总报销费用中所占的比重。鉴于历史上多次出现欺诈的医院在未来更有可能遭遇欺诈,这可能是由于监管不严格等因素引起的。因此,这些医院的数量也可以被视为判断是否存在欺诈行为的关键指标之一。

2. 个人结合医院特征

(1)个人就诊次数:这一指标是基于对每个人就诊次数的统计得出的。通过对该数据集的深入分析,我们发现每次患者进医院就诊都会产生多条就诊记录。为了简化这些数据,本书规定了同一患者当天在同一家医院的就诊记录应仅视为一次就诊记录。根据历史经验来看,一个人就诊的次数越多,他出现欺诈行为的概率也就越高,因此,这个指标被视为一个重要的识别因素。

(2)就诊次数与医院结合:如果一个人在一天之内频繁地访问不同的医疗机构,或者在一天之内有大量的医院就诊,那么可以怀疑他可能涉及欺诈行为。因此,我们可以计算出每个人在一天之内去过两家或更多医院的天数,以及他们在一天内访问过的不同医院的数量,并将这些数据作为两个主要的识别标准。

(3)就诊频率和就诊时间窗口:就诊时间窗口是通过计算就诊的最远日期与最近日期之间的间隔天数来确定的,而就诊频率则是就诊次数与时间窗口的比值。如果一个患者频繁地来医院就诊,那么他出现欺诈行为的风险也会相对增加,因此,就诊频率可以被视为一个重要的识别标准。

(4)就诊不同医院数量:如果某人曾经访问过众多医院,那么有足够的理由怀疑他可能涉及欺诈活动。因此,我们可以通过统计每个人访问过的医院的最大数量来作为一个识别标准。

3.个人特征

(1)各项费用的统计:欺诈行为主要是为了欺骗医保基金,因此,费用相关的指标体系最能准确地反映出欺诈人员的各种特性。具体来说,在这个数据集中,各种费用,包括药品、检查、治疗、手术、床位、材料、输血、各种补助、申报审批信息、总就诊费用等,都被详细地计算在波动、平均、求和、比例等运算中。在实际操作中,利用医保卡进行非法药品倒卖的欺诈行为屡见不鲜,因此,药品的数量可以被视为一个有效的鉴别标准。

(2)窗口期内的平均每日费用特性:这一指标是基于窗口期内总费用与窗口期总天数的比率来计算的,通过统计平均每日的医疗开销,可以有效地减少窗口时间过长或过短对费用的不良影响。

第三节 社会医疗保险欺诈的风险防范

一、社会医疗保险欺诈风险的危害

(一)医疗费用上涨,居民健康权益受损

导致医疗开销增加的因素众多,具体而言,主要有以下几个方面:

首先,医疗技术的进步导致原材料和人工成本的上升,从而使医疗开销呈现出一个自然上升的趋势;其次,随着人们收入的持续增长和人口老龄化的加剧,对医疗服务的需求也在不断增加,这导致了医疗费用的上升;最后,医疗资源浪费,如过度医疗,导致医疗开销急剧上升。医疗资源的浪费行为不仅侵占了正常参保人员的医疗资源,还对其他居民的健康权益造成了损害。根据数据显示,2021年,全国的平均门诊费用达到了348.4元,相较于2011年有了93.8%的增长,而人均住院费用为14644元,与2011年相比增长了120.8%。在过去的十年里,我国的门诊和住院费用年均增长率分别达到了6.8%和8.2%。医疗费用的过快增长问题越来越明显,因此,只有通过合理地控制医疗费用的增长速度并节约医疗资源,医疗卫生事业才能有更高的效益。

(二)医保基金运行风险加大

医、患、保三方的道德风险导致了医保欺诈行为的多样性,这给医保基金带来了巨大的风险。为了确保基金的稳定运作,基金的管理者不得不牺牲参保者的权益,从而降低社会的保障标准,这与社会医疗保险制度的初衷是相冲突的。医保基金的稳定运作是确保国民健康的基础,因此,只有严厉打击医保基金的欺诈行为,确保医保基金的安全,我们才能真正保障每位居民的健康。

(三)医疗系统出现信任危机,不利于社会发展

当前,医护人员对患者需求的诱导行为相当普遍,导致整个医疗系统面临着严峻的信任问题。医患双方的医保欺诈行为严重违背了诚信原则,这是医疗领域社会公德缺失的一种表现。由于医疗服务提供者的欺骗行为,医疗系统中出现了信任的危机,这也是导致医患关系紧张的因素之一。

医保基金的安全性直接影响到每一个人的个人利益。鉴于医保基金的欺诈行为可能带来上述的风险,我们必须实施适当的预防措施,以减少欺诈行为的发生,确保医保基金的安全无虞。

二、社会医疗保险欺诈风险的防范措施

(一)传统措施

一方面,传统的做法主要是依赖于专家的规则来识别医疗保险欺诈案件中的相似点。这些高风险案件往往有很多共同之处,并被整合到案例库中。欺诈人员会被加入黑名单中,然后相关的专业人员会手动输入案件信息到案例库中进行查找和识别。当案件中的某些特征信息与专家的规则达到一致时,他们会根据自己的经验来确定欺诈案件的具体类型,鉴于关键数据往往被隐藏在保险管理机构收集的众多申报和支出信息数据库中,这使得对医疗保险欺诈行为的识别和检测变得更为复杂。这种依赖人工手动筛选欺诈行为的方法,并不能全面地列出所有可能的欺诈

特点,因此无法有效地应对各种欺诈活动。大部分可以通过人工方式识别的欺诈行为往往是反复发生或在程序设计上存在明显的违规行为,而对于那些偶发或较为隐秘的欺诈行为,识别起来则相对困难。

从另一个角度看,传统的做法是通过建立相对完善和严格的法律条款来规范公众行为,同时,加强医保部门与公安部门之间的合作,对欺诈医保基金的行为进行严格的处罚,进一步完善查处欺诈医保基金案件的合作机制,确保医保基金的安全。更具体地说,首先,我们需要加强组织的领导力度。各级医保行政部门和公安机关应通过明确各自的职责和分工,确保案件的移送、受理、立案和查处等各个环节能够顺利衔接。这样可以充分发挥各方的协同作用,并根据相关法律规定,严肃处理医疗保险基金的诈骗行为。其次,实施了挂牌督办制度,公安部和国家医疗保障局对重大案件的查处采取了"双挂牌"督办方式。国家医疗保障局有责任根据案件的重要程度和紧急程度来确定挂牌督办的案件,并加强对案件的督导和通报工作。最后,是要加强对医保基金政策的宣传和曝光,通过加大对欺诈医保基金行为的查处和政策宣传力度,鼓励全民积极参与监督,并对存在的医疗保险诈骗行为进行及时的举报。

传统的医疗保险反欺诈措施主要依赖于人工审查和法律规则的制定。但随着医保信息和数据量的急剧增加,依赖传统方法来识别和预防欺诈风险的效率已经大大降低,这已经不再满足现代社会的需求。因此,我们需要寻找新的策略来更有效地对抗医疗保险中的欺诈行为。

(二)新型措施

受到市场经济激励的影响,商业医疗保险领域已经广泛应用了新型的保险反欺诈措施。为了探索现代保险科技在反欺诈方面的作用,不同的保险公司都投入了大量的资金。商业医疗保险和社会医疗保险在承保对象和保障内容上有很多相似之处,它们的医保数据类型和内容也有很多共通之处。甚至从社会医疗保险数据的可获取性、数据格式和数据内容的丰富程度来看,商业医疗保险能够更好地利用以大数据为代表的保险科技来进行反欺诈研究。因此,针对商业医疗保险领域的新型反欺诈措施的介绍,对于社会医疗保险反欺诈领域具有极高的参考价值。

为了预防医疗保险的欺诈行为,保险科技推出了众多创新手段,这些手段主要涵盖了大数据技术、区块链技术、物联网以及可穿戴设备等领域。表6-1总结了各种保险科技在医疗保险反欺诈方面的主要应用情况。

表6-1 各项保险科技在医疗保险反欺诈中的主要应用

科技手段	在医疗保险反欺诈中的主要应用
人工智能	利用智能风控模型识别保险欺诈,减少反欺诈过程中的人为不确定因素,进而降低风险控制成本;自动作出赔付与否的决定
区块链	医疗保险全流程上链,链上存储查验,提高索赔进程的透明度;利用分布式账本记录的信息具有真实性且不可随意被更改,有效降低保险欺诈发生概率
人数据	利用人数据技术整合信息,改进风险识别模型,以提高反欺诈能力
物联网	就诊过程实时连接互联网,解决信息不对称问题
可穿戴设备	运用设备实时监测用户身体状况,掌握用户信息

由表6-1可以看出,在医疗保险的反欺诈应用中,物联网和可穿戴设备在数据收集方面起到了核心作用。它们通过物品与人之间的紧密连接,能够实时地将人的相关信息与互联网连接起来,从而在一定程度上缓解了信息不对称的问题;区块链技术在确保数据信息的安全性和有效性方面发挥了核心作用;在众多的复杂数据系统里,决定是否对某一行为进行赔偿的核心任务,只能依赖于人工智能技术来完成。

机器学习的进步标志着大数据技术取得了显著的突破。在这之前,人工智能主要是通过提高计算速度来满足交易自动化的要求。随着机器学习技术的持续进步,我们已经能够达到程序自动进化的预期效果。随着市场的持续演变和发展,各种法律法规以及专家的指导原则也在不断地得到完善,这使得能够自主学习的机器学习技术在保险反欺诈领域展现出更强的适应性和实用性。

三、大数据与社会医疗保险反欺诈的结合

(一)医保数据的类型及特点

医保的数据主要涵盖了医疗机构以及患者的治疗方法和相关费用的详细信息;它的数据种类繁多,包括结构化数据和非结构化数据。这批数

据具有显著的大数据属性,因此有必要运用大数据技术来深入挖掘医保数据所包含的信息和其潜在价值。常见的用于识别医保欺诈的数据信息如表 6-2 所示。

表 6-2　较常用的医保欺诈行为识别指标

项目	内容
患者个人资料	就诊编号、年龄、性别、身高、体重等个人信息
医疗机构资料	医院地点、等级;医生职级等
诊疗资料	就医时间间隔、就诊次数、账单数;就诊科室、医嘱信息、疾病种类等
消费资料	各消费项目记录、药品及其金额、各阶段费用发生金额等
报销资料	报销费用、费用报销比例、个人账户支付金额、统筹基金支付金额等

(二)医保欺诈行为识别中大数据技术的应用步骤

1. 收集数据,组成样本

为了有效地识别医保欺诈行为,有必要收集尽可能多的医保相关数据,包括但不限于就诊费用和医保基金的收支情况。这些数据主要来源于医保机构,因此,构建一个欺诈识别模型是基于数据样本的有效性和代表性来进行的。

2. 数据预处理

高效的数据预处理可以让数据样本在模型训练中得到更好的应用,从而达到更为精确的预测效果。详细的数据处理流程涵盖了以下几个方面:

(1)进行数据的清理工作。为了降低噪声数据的影响,需要删除那些无用或重复的信息。

(2)对数据进行整合,并清理或补充缺失的部分。比如说,如果一个保险参与者在同一次医疗访问中可能生成多个记录,那么整合这些信息就变得尤为重要。

(3)对数据进行格式化处理。需要将原始数据集中的药物、医疗检查和手术记录转化为特定的数字代码,或者统一数据集中的时间格式,以便进行后续的计算。

3. 选择疑似欺诈特征因子

通过选择合适的欺诈检测因子，我们可以显著提高模型的识别精度。学者们经常利用医学的专业知识和医保数据来选择特定的变量，并采用相关性分析技术对这些变量进行降维处理。经过对这些变量的综合计算，他们得到了具有代表性的识别因子，并将其纳入医保欺诈识别模型作为解释性的变量。

4. 建立欺诈识别模型

通过利用大数据中的机器学习和深度学习技术，我们构建了医疗保险欺诈的识别模型，如逻辑回归模型、随机森林模型和梯度提升决策树模型等。根据这些模型的独特特性，我们能够有针对性地识别出不同数据类型的欺诈行为。

5. 模型评估

通过应用大数据技术来识别社会医疗保险的欺诈行为，我们发现其预测的结果可能与实际情况存在一定的偏差。为了评估欺诈识别模型的效果，混淆矩阵经常被采用。我们可以利用混淆矩阵来计算召回率、准确性等关键指标；此外，ROC 曲线和 AUC 值也是评估模型识别能力的有效指标。

（三）医疗保险反欺诈领域大数据技术的应用现状

在反对医疗保险欺诈的领域中，大数据技术的运用已经获得了显著的进展。该方法的核心思想是将大数据技术与医药学的专业知识库以及审核规则库融合，从而提高医保基金审核的准确性。如今市场中有很多公司针对医疗保险反欺诈问题开展机器学习模型应用的研究，市面上常见医保反欺诈产品如表 6-3 所示：

表 6-3 市场上借助机器学习实现医疗保险理赔的主要产品

应用领域	主要产品和合作的保险公司
身份及保单核查	商汤科平安技"Sense ID 身份验证"、悦保科技"保单识别"、平安"智能保险云"
反欺诈模型	平安"医保鹰眼"、吉贝克"智能理赔系统"、腾讯云"T-See 天御保险反欺诈"、远眺科技"Argus 智能反欺诈"、快商通"声纹反欺诈"

一个高效的医保反欺诈系统不仅需要具备识别复杂医学文本和处理

大量数据的能力,还必须能够运用先进的机器学习模型来识别和分析相关行为,例如做出理赔决策等。

(四)大数据防范社会医疗保险欺诈风险存在的挑战

1.数据难题

(1)数据安全。当我们使用大数据技术来创建医保欺诈的识别模型时,首先需要大量的数据作为基础,这些数据包括但不限于参保人的个人资料和病历等隐私相关的信息。如果这些数据信息被有意或无意地泄露出去,将会引发极其严重的安全风险。

(2)数据质量。随着网络技术的持续进步和医保欺诈行为的增加复杂性,我们需要处理的数据种类也变得更为丰富和多样。例如,医保欺诈的识别因子会因欺诈行为的不断演变而变得更加复杂,这无疑增加了数据处理的复杂性,并对计算速度产生了影响。当前,由于各个地区的医保数据平台存在差异,数据标准也不尽相同,这导致了数据的整体质量和完整性都不尽如人意,这对机器学习等相关模型的广泛应用和进一步发展构成了障碍。

(3)数据异质性。由于各地的医保系统存在差异,数据录入的格式和内容也各不相同,这导致不同系统间无法实现数据的互通和共享,从而产生了不统一的数据集标准和大量的噪声数据,这无疑增加了数据处理的复杂性和难度。到2020年,我国已经完成了医保信息平台的核心建设工作,并计划在未来逐渐普及统一平台的应用,以消除大数据技术在医保反欺诈识别和预防研究中的数据障碍。

2.技术难题

长期以来,我国在医保欺诈的识别和预防方面的技术研究并没有得到充分的实证支持,与此相关的技术专家也相对稀缺。目前市面上的医保欺诈检测模型主要基于有限的样本数据,这些模型往往缺乏足够的代表性,因此有必要进行持续的优化和改进。

第四节 应用大数据识别和
防范社会医疗保险欺诈的对策建议

为了更好地保障社会医疗保险基金的安全,基于上述研究结论以及社会医疗保险基金欺诈的成因分析,从微观和宏观两个角度提出以下建议:

一、微观角度

(一)提升数据录入的规范性和准确性

要想准确地鉴别医保欺诈行为,先需要获得一套既规范又精确的数据集。然而,在本书的数据处理阶段,我们发现存在日期格式不统一和数据缺失过多等问题,这些问题给后续欺诈识别模型的训练带来了挑战。因此,我们只能依赖于人为设定的假设来规范化数据,但这样做可能会导致一定程度的误差。所以,所有的医疗机构和医保部门都应当制定合适的数据输入规则,优化数据存储系统,以确保医保数据的准确性和有效性,从而为社会医疗保险的反欺诈工作奠定坚实的基础。

(二)运用机器学习、数据挖掘等大数据技术进行欺诈识别,充分挖掘数据价值,提高反欺诈工作效率

在最近的几年中,医院为患者提供的医疗服务和报销流程都已经走向了数字化和网络化。医保的数据数量也有了明显的增长。传统的手工审核或简单的回归识别方法都难以处理这样庞大的数据结构。而且,随着欺诈行为变得越来越复杂,传统的审核手段已经不能满足当前的需求。在构建模型时,我们可以采用多种模型的组合策略,从而更好地优化和增强模型的识别能力。因此,在构建了一套全面而可靠的医保欺诈识别指标体系之后,通过运用机器学习等先进技术,形成了一套完整的智能识别

算法,这将极大地提高医保审查和欺诈识别的效率和准确度。

(三)打造健全的在线电子病历系统

通过研究,我们发现欺骗性的用户在药品费用和其他医疗费用上明显超过了正常用户,这表明欺诈行为可能涉及虚假地开出医疗项目或代为开出药物。因此,有必要建立一个完善的在线电子病历管理系统,以减少医院和患者进行欺诈活动的可能性。一个完善的电子病历系统通常包括患者的个人资料、病历记录、住院历史以及检查结果等关键数据,通过这些资料,我们可以对患者的医疗信息有一个深入且明确的认识。除此之外,这一系统还具备在不同医疗机构之间实现信息互通的能力,从而提高了就医的效率和病人的满意程度。

二、宏观角度

(一)借助信息化、大数据等技术手段完善监管机制

第一,推动医保智能检测知识库和规则库的标准化建设,以实现全国范围内的标准统一,确保线上和线下的一致性,并进行动态的内容更新。第二,我们正在努力将医保费用结算的审核方式从人工随机抽查转向全面的智能审核,并从事后的监督方式转向事前的提示和事中的实时监控。第三,我们计划逐渐推广视频监控、生物特征识别、人工智能、大数据分析和区块链等先进技术,并在监管领域实施远程监控、移动监控和预警防控等措施,以提高监管的准确性和智能化程度。第四,我们正在积极尝试将DRG、DIP等支付手段,以及"互联网+医疗"、长期护理保险和医保参与支持商业医疗保险的新供应模式,纳入智能监控的范畴,以有效地规范医疗机构的医疗服务行为,并确保医保基金的安全性。通过智能监控技术,我们可以提高基金监管的工作效率、准确性和智能化程度。确保医保基金的安全性,从而推动医院走向高品质的发展道路。

(二)构建良好的行业运行环境

首要任务是构建一个全国范围内统一的医保信息数据共享体系。为

了实现跨部门、跨层级和跨区域的信息共享,我们对行业内的资源进行了整合,并建立了医保部门与医疗机构之间的沟通平台。在审批、核准、同步审查和信息公开等方面,我们构建了一个专业化的系统平台。为了确保医疗数据的可靠性和可替换性,我们应当加速推动全国医保信息业务编码的标准化进程,这包括医保疾病的诊断、手术操作、医疗服务项目、药品以及医用耗材等方面的编码标准。其次,我们需要加大对数据安全的管理力度。医疗保障行政部门有责任对数据管理和应用权限进行规范化,以确保信息和数据的安全性。他们应结合先进的 IT 治理机制,深入研究医保大数据信息的共享和安全机制,建立标准化的管理机制,并负责医保大数据的采集、传输、存储、利用和开发等方面的管理工作。同时,他们还应监管数据的备份、恢复和访问权限,以促进行业数据和个人数据的全面利用,全面保护参保人的个人隐私安全,并依法处理相关人员的信息泄露行为。

(三)完善社会医疗保险反欺诈法律法规

在努力推进社会医疗保险反欺诈的法治建设过程中,我国的司法部门、行政部门和社会保险处理机构等需要加强合作,尽快完善相关的法律法规,并将其提升到立法层面,明确社会医疗保险欺诈罪的定罪和量刑。鉴于社会医疗保险制度的复杂性和欺诈行为的多样性,对其进行有效监管面临着巨大的挑战。因此,我们不仅需要从基础层面出发,通过法律途径进行规范,还需要运用先进的技术手段,两者齐头并进,以构建一个全面而高效的监管体系。

(四)建立完善的信用评估体系

对于医疗机构、保险参与者和医生等不同的主体,我们进行了信用评估,并对信用评分较低的主体进行了严格的监管。对于评分较高的主体,我们提供了一些政策优惠,以鼓励他们自觉地遵循相关规定,从而减少欺诈行为的发生。在此基础上,我们还建立了医保部门与医疗机构之间的信息网络连接,强化了对医疗活动的监督,并为医疗机构与医生构建了一个信用评价系统。此外,我们还设立了一个医保欺诈举报奖励基金,旨在通过奖励举报者来激发公众对违规行为的监督热情。

(五)增强社会宣传力度,充分发挥舆论引导作用

社会舆论具有强大的影响力,它能为大众提供特定的价值观和道德准则,同时也能在一定程度上推动和限制人们的思维和行为模式。积极推广社会医疗保险制度的重要性,可以营造一个积极的社会环境,从而减少社会医疗保险欺诈行为的发生概率。更具体地说,可以通过组织讲座或者编写微信公众号文章来宣传医保政策和相关的法律法规,鼓励人们了解法律,并主动地对自己的行为进行规范;从另一个角度来看,我们可以制作一部关于医保基金欺诈行为的纪录片,详细报道欺诈人员最终将面临的法律惩罚,以及目前所采取的反欺诈措施,以此来提醒公众。简而言之,为了彻底消除社会医疗保险中的欺诈行为,我们每个人都需要积极参与,并建立一个鼓励互相监督的社会环境。

参考文献

[1]孙蓉,兰虹.保险学原理[M].成都:西南财经大学,2015.

[2]赵尚梅,张军欢.健康保险与大数据应用[M].北京:中国财政经济出版社,2017.

[3]白锋.大数据时代的寿险精算[J].中国保险,2014(8):42-45.

[4]常朝娣,陈敏.大数据时代健康医疗数据治理方法研究[J].中国数字医学,2016(9):2-5.

[5]张瑞纲,吴叶莹.数字经济背景下现代保险业发展研究[J].西南金融,2022(7):91-102.

[6]陈晓霞,高国鹏.基于博弈论视角的内蒙古大病保险业务经营效益分析[J].北方金融,2018(4):82-85.

[7]储小俊,曹杰.农业天气风险管理及产品定价研究[J].统计与信息论坛,2015(5):99-104.

[8]崔欣,曹剑峰,陈雯,谢桦.医疗大数据与统计数据的差异分析及应用思考[J].中国卫生信息管理杂志,2016(6):632-634.

[9]董坤祥,谢宗晓,甄杰.强制性约束下企业信息安全投资与网络保险的最优决策分析[J].中国管理科学,2021(6):70-81.

[10]杜刚,朱文静.基于三方博弈论的商业健康保险风险控制[J].华东师范大学学报:哲学社会科学版,2015(4):109-114.

[11]顾建强,梅姝娥,仲伟俊.基于网络安全保险的信息系统安全投资激励机制[J].系统工程理论与实践,2015(4):1057-1062.

[12]郭念国.朴素贝叶斯算法与车辆风险分类[J].河南城建学院学报.2020(3):87-92.

[13]郭亚慧.大资管时代下保险资产管理的发展[J].河北金融,2015

(6):63-65.

[14]胡利民,邓昊.阻碍网络安全保险发展的因素分析及发展对策研究[J].保险职业学院学报,2020(4):65-72.

[15]胡晓宁,陈秉正,祝伟.基于家庭微观数据的长期护理保险定价[J].保险研究,2016(4):57-67.

[16]黄建莲.从道德风险视角看网络安全保险市场的挑战[J].华北科技学院学报,2020(3):114-118.

[17]黄立强,智青,刘洋,张志瑞.医疗保险反欺诈中机器学习的应用发展[J].保险理论与实践,2021(3):136-147.

[18]黄渊.刍议中国健康保险精算中存在的问题与解决对策[J].时代金融,2015(8):215.

[19]李克穆.互联网金融的创新与风险[J].管理世界,2016(2):1-2.

[20]刘崇,祝锡永.基于BP神经网络的医保欺诈识别[J].计算机系统应用,2018(6):34-39.

[21]刘英梅,董立友.医联体模式下医疗资源共享的博弈分析[J].中国物价,2014(9):81-84.

[22]刘月星,宗文红,姚有华.我国商业健康保险风险控制问题分析及对策[J].卫生经济研究,2012(7):29-31.

[23]马晋萍,林挺.公立医院医疗资源均衡配比的演化博弈初探[J].经济师,2017(8):19-22.

[24]乔丽丽,李涛.商业保险机构经办城乡居民大病保险的效率研究[J].未来与发展,2018(10):79-85.

[25]申延波.医疗保险管理的大数据战略[J].中外企业家,2015(23):29.

[26]张铭心.网络安全保险发展面临的挑战与监管应对[J].上海保险,2022(2):12-15.

[27]唐霁松.打击医保欺诈维护基金安全[J].中国医疗保险,2018(5):5-7.

[28]唐金成,刘榕.5G时代我国网络安全保险高质量发展研究[J].区域金融研究,2021(10):55—61.

[29]唐金成,刘钰聪.我国保险业数字化经营转型发展:机遇、挑战与应对[J].南方金融,2022(9):77—89.

[30]唐金成,莫赐聪.数字经济时代网络安全保险创新发展研究[J].西南金融,2022(1):52—64.

[31]唐金成,张淋.数字经济时代中国保险监管创新研究[J].当代金融研究,2022(7):70—79.

[31]完颜瑞云,周曦娇,陈滔.大数据背景下健康保险动态定价机制研究[J].保险研究,2021(10):51—63.

[33]王新雷,王玥.论网络安全保险发展初级阶段的问题与对策[J].情报杂志,2017(12):22—28.

[34]王禹.网络安全保险的新兴发展与监管研究[J].中国信息安全,2017(3):45—47.

[35]魏瑄.保险资金投资健康服务业产业链研究[J].中国保险,2014(3):59—64.

[36]吴传俭,朱友艳,丁雨.商业健康保险在健康中国建设中的战略地位与激励政策[J].中国医疗保险,2017(3):69—72.

[37]吴景泰,张育儒.保险反欺诈识别模型研究[J].全国流通经济,2020(26):152—154.

[38]武亦文,赵亚宁.论惩罚性赔偿责任的可保性及其扩张[J].浙江社会科学,2019(4):69—79,157—158.

[39]徐徐,王正祥,王牧群.基于深度学习技术的机动车辆保险欺诈识别模型与实证研究[J].上海保险,2019(8):53—58.

[40]阳义南,肖建华.医疗保险基金欺诈骗保及反欺诈研究[J].北京航空航天大学学报(社会科学版),2019(2):41—51.

[41]赵立平,赵强.网络风险及其保险的主要问题[J].保险理论与实践,2017(4):33—45.

[42]白贵君.中国平安大同分公司车险业务营销策略研究[D].武汉:武汉纺织大学,2015.

[43]刘旖旎.我国财产保险营销渠道探索[D].成都:西南财经大学,2013.

[44]张月.基于数据挖掘的商业医疗保险疑似欺诈识别研究[D].北京:首都经济贸易大学,2019.

[45]张芷澂.数据驱动的住院费用预测研究[D].北京:北京交通大学,2021.

[46]赵璠玙.网络信息安全保险及其定价研究[D].成都:西南财经大学,2019.

[47]周如意.基于BP神经网络和关联规则的智能医疗保险稽核系统研究[D].杭州:浙江理工大学,2017.

[48]朱莉.大数据背景下商业医疗保险精准定价研究[D].成都:西南财经大学,2019.

[49]唐玲.大数据在健康保险欺诈识别中的应用研究[D].成都:西南财经大学,2020.

[50]古耀明.基于多种损失分布的健康保险定价研究[D].广州:广东外语外贸大学,2021.

[51]郭涛.医疗保险欺诈检测的研究与应用[D].成都:电子科技大学,2016.

[52]常文童.健康大数据背景下的重大疾病保险定价方式研究[D].成都:西南财经大学,2020.

[53]陈思迎.大数据背景下机动车辆保险欺诈风险及其防范研究[D].成都:西南财经大学,2019.

[54]窦一峰.数据挖掘技术在医保欺诈检测识别中的应用研究[D].重庆:西南大学,2018.

[55]朱子文.社会医疗保险欺诈行为研究[D].上海:上海师范大学,2017.

[56]安凯.社会医疗保险诈骗犯罪案件侦查研究[D].北京:中国人民公安大学,2020.

[57]杨雪静.城乡居民基本医疗保险欺诈风险度量的实证研究[D].青岛:青岛大学,2020.

[58]于凤园.基于大数据的医疗保险欺诈问题与对策研究[D].济南:山东财经大学,2018.

[59]束晓君.基于数据挖掘的保险公司精准营销研究[D].西安:西安工业大学,2014.

[60]狄萱.基于孤立森林和随机森林的医保欺诈识别系统[D].南京:南京邮电大学,2021.

[61]刘怡君.社会医疗保险诈骗行为的刑法规制[D].苏州:苏州大学,2020.